Davi Rodrigues Poit

Cerimonial e Protocolo Esportivo

Davi Rodrigues Poit

Cerimonial e Protocolo Esportivo

Jundiaí
2010

Copyright ©2010

Cerimonial e Protocolo Esportivo

2010

Impresso no Brasil / Printed in Brazil

Revisão Redacional	Prof. Dra. Lívia Maria Louzada Brandão
Capa	André Henrique Santos
Projeto Gráfico e Diagramação	André Henrique Santos
Impressão	MIDIOGRAF - Londrina - PR

FICHA CATALOGRÁFICA
CIP-BRASIL. CATALOGAÇÃO-NA-FONTE
SINDICATO NACIONAL DOS EDITORES DE LIVROS, RJ.

P813c

Poit, Davi Rodrigues
Cerimonial e protocolo esportivo / Davi Rodrigues Poit. - São Paulo : Phorte, 2010.
Inclui bibliografia

ISBN 978-85-7655-235-2

1. Esportes - Organização e administração. 2. Congressos e eventos - Organização. 3. Cerimonial. 4. Etiqueta. I. Título.

09-2646.   CDD: 796.06
                  CDU: 796.063.4

03.06.10   08.06.10   013021

PHORTE EDITORA LTDA.
Rua 13 de Maio, 598 – CEP 01327-000 – Bela Vista – São Paulo – SP
Fone / Fax (11) 3141-1033
www.phorte.com
e-mail: phorte@terra.com.br

Dedicatória

Aos meus filhos, Luca e Caio, que nasceram com todo cerimonial e antes mesmo da primeira fralda já quebraram o protocolo. Eles discordam de etiquetas, contrariam normas consuetudinárias e ignoram a primazia da direita. Quando informo a precedência existente em casa, sagazes, eles sugerem que a família, a vida e o amor genuíno guiam-se pelo protocolo divino. Assim, a vida prossegue; e eles continuam sendo fontes inesgotáveis de energia.

sumário

DAVI RODRIGUES POIT

Profa. Antonia Marisa Canton

É com orgulho e satisfação que faço a apresentação do autor deste impecável e oportuno livro. Obra que nos assessora e nos induz a pensar sobre a importância fundamental do cerimonial junto a todo e qualquer evento. Tratando-se de eventos esportivos, sua leitura nos auxilia e esclarece sobre a relevância de assuntos que talvez, até então, não tenham sido devidamente evidenciados.

Para os que já conhecem o autor, seja como atleta, profissional reno-mado, palestrante ou docente do ensino superior, acaba redescobrindo-o como um pesquisador ávido nos caminhos dos saberes. Observe-se que a área de eventos é inesgotável em suas variáveis e possibilidades de inves-tigação e estudos, assim, o investimento científico do autor, notadamente através de suas variadas publicações e livros sobre o assunto, tem sido um instrumento de crescimento e valorização para este campo profissional.

A certeza que trago da sua grandeza e importância acadêmica é ba-seada na oportunidade que tenho tido de acompanhar sua carreira como profissional e docente, no setor de gestão do esporte. A possibilidade de in-tegrar sua teoria à prática, em suas falas e publicações, confere a ele credibi-lidade e entusiasmo que contagiam os atuais e futuros profissionais da área.

Tive a oportunidade de conhecer o Professor Davi em Curitiba, em um importante Congresso. Na ocasião, trocamos nossos livros e, a par-tir daquele momento, brotou uma amizade consolidada pelo interesse comum em um diferenciado e especial produto de consumo e convivên-cia: os eventos.

Na coordenação do curso de Gestão de Eventos na GV/PEC - Pro-grama de Educação Continuada para Executivos, da Fundação Getúlio Vargas, retomamos nosso contato e tendo o Davi como aluno, pedi que ele preparasse uma aula sobre sua especialidade: Eventos Esportivos. Sua aula foi surpreendente. Conquistou seus pares e convidados, não só pelo con-teúdo apresentado, consistente e atualizado, como pelo seu carisma como professor, empático e convicto.

Ao vê-lo tornar a sala de aula totalmente amigável, ao interagir com empenho e naturalidade sobre o tema eventos esportivos, tive a certeza de ter encontrado um parceiro para renovadas e contínuas discussões e lides acadêmicas. Obviamente, não o abandonei mais, assim, ele segue como parceiro na FGV ministrando regularmente, e com louvor, a disciplina de Organização de Eventos Esportivos, no curso *Gestão de Eventos: Negócios e Oportunidades Empresariais.*

Outro mérito, digno de registro, é que, em suas aulas, sempre exis-te espaço para colocações éticas e humanas, evidenciadas pelo profissional que é; colocações estas compartilhadas através de calorosas discussões com os alunos, fazendo revigorar a função do verdadeiro docente, não apenas como um transmissor de conhecimentos, mas, e de forma essencial, como um educador.

Aos poucos, fui tomando conhecimento de sua trajetória profissional e acadêmica que, com certeza, muito contribuíram para consolidar sua posição como professor e pesquisador. Obteve, com louvor, o título de mestre em educação em 2001 e, conhecedor da área dos eventos, um segmento específico, trouxe o evento esportivo como objeto de estudo para o doutorado e assim obteve, ao concluir o programa de doutoramento, o título de primeiro doutor em eventos esportivos do Brasil, com sua tese, defendida com sucesso na Pontifícia Universidade Católica de São Paulo - PUC/SP, em julho de 2008, denominada *Um Olhar Frankfurtiano sobre os efeitos da programação esportiva nas aulas de Educação Física Escolar*. O autor, formado originariamente em Educação Física, possui ainda inúmeros cursos em gestão, marketing e eventos, inclusive em outros países. Como oficial de Artilharia, teve a oportunidade de enriquecer sua experiência profissional ao conduzir, ao longo de 10 anos, o planejamento e organização de inúmeras cerimônias militares do Exército Brasileiro.

Atualmente é vice-diretor e professor titular da Escola Superior de Educação Física de Jundiaí e, concomitantemente à sua dedicação acadêmica, profere cursos, palestras e conferências, a convite de várias instituições do país.

O que me ocorre dizer é que, ao longo do tempo de convivência, aprendi, cada vez mais, a admirar suas iniciativas profissionais, especialmente pela forma como as conduz, com seriedade e propósito, sua marca registrada também no âmbito pessoal e familiar.

Meu amigo Davi alcança com este livro, mais um merecido reconhecimento acadêmico, com o qual compartilho e me ufano por sua dedicação, carinho e competência ao falar sobre aquilo que gosta.

Profa. Antonia Marisa Canton
Doutora em Turismo, Lazer e Eventos pela Escola de Comunicação e Artes da Universidade de São Paulo-USP.
Professora no curso de graduação e coordenadora no GV/PEC do Curso de Gestão de Eventos, da Escola de Administração de Empresas da FGV/SP.

O PROTOCOLO NO SÉCULO XXI

Gilda Fleury Meirelles

As relações governamentais, empresariais e sociais deste novo século estão baseadas nos princípios da cidadania e da civilidade, motivadas pela globalização da informação. Para a viabilização dos contatos e a finalização dos negócios, é fundamental que o relacionamento entre as pessoas e as organizações seja embasado na moral, na ética, na organização e na transparência.

Aí está a importância do protocolo, do cerimonial e da etiqueta, já reconhecida pelos empresários e administradores públicos, que se dedicam com maior eficácia e eficiência ao aperfeiçoamento dos conhecimentos e à arte da convivência humana.

Protocolo, cerimonial e etiqueta não têm o mesmo conceito, muito embora estes se confundam e formem o tripé de uma das mais fortes ferramentas da comunicação: o evento.

O evento é um instrumento de aproximação, de contiguidade física entre os participantes, com a otimização da comunicação oral, escrita, visual e interpessoal.

Seres humanos não vivem isolados; eles têm necessidades biológicas e psicológicas de viver em grupos. Nesse momento, consolida-se a aproximação, o acontecimento, o evento, que seleciona públicos e os aglutina, em determinado local e horário específico. É a ocasião dos encontros, dos *prospects*, das tratativas e da negociação. As pessoas têm e exercem o poder do diálogo; percebem que podem ter o mesmo interesse e, trocam experiências e opiniões.

Entretanto, um encontro sem regras definidas é o início de uma história sem planejamento e fadada ao insucesso.

As leis do protocolo, as regras do cerimonial e as normas da etiqueta demonstram sua importância nessa hora, na qual opiniões são trocadas e negócios são decididos.

A não observância dessas regras, que norteiam a civilidade e o relacionamento entre as pessoas, transforma a ocasião em uma disputa incessante pela palavra, pela primazia do lugar, pela posição e pelo poder. É o desastre total do relacionamento entre pessoas e povos e o início da vaidade, da egocentria e da falta de ética às quais as personalidades do mundo político e econômico dão maior importância. É o predomínio do **ter** sobre o **ser**.

Tratados até uma década atrás como supérfluos por pessoas que não entendiam a importância e a necessidade destes elementos como agentes catalisadores do resultado de um evento; o protocolo, o cerimonial e a etiqueta são transformados, neste Século, em postura empresarial e, finalmente, ocupam sua exata posição no mundo empresarial e governamental, recebendo aceitação e reconhecimento merecidos.

A soma das leis protocolares - que regem o acontecimento, dando a cada um de seus participantes as prerrogativas, privilégios e imunidades a que têm direito -, alocadas às normas do cerimonial - que têm a força de transformar um evento em uma cerimônia ou uma solenidade - permitem que a disputa pelo poder ceda seu lugar à disputa pelo conhecimento, pela inteligência e pela competência.

E a etiqueta?

Entendida, atualmente, no mundo dos negócios como postura empresarial, consiste em um conjunto de regras que resultam, não somente no comportamento das pessoas, mas no comportamento daqueles que influem na imagem empresarial. Agora, é a organização - empresarial ou governamental - que se apresenta e não mais seus dirigentes. Não se trata de forma alguma da desvalorização da pessoa na condição de ser humano, mas na sua valorização extrema, capaz de transformar a imagem empresarial em um conceito de organização, através do seu comportamento.

Do mais alto empresário, do maior dignitário público ao mais humilde dos colaboradores, todos entendem e aceitam a necessidade do planejamento, da organização, do uso do protocolo, do cerimonial, da etiqueta e, sobretudo, da ética em benefício do conjunto.

Todas as pessoas têm consciência de que, o planejamento adequado de um cerimonial permite que as funções, da mais alta à mais simples, sejam valorizadas, tornando as pessoas mais nobres, sábias, dignas e aptas a receber as imunidades, as prerrogativas e direitos inerentes ao cargo.

O protocolo faculta esse direito ao profissional, à autoridade, ao cidadão e a postura empresarial possibilita conquistá-lo.

Esses são os desafios que os profissionais enfrentarão no mundo globalizado e, cada vez mais, em tempo real.

Gilda Fleury Meirelles, é relações públicas, Doutor Honoris Causa, diretora do IBRADEP - Instituto Brasileiro de Desenvolvimento, Aperfeiçoamento e Capacitação Profissional e autora dos livros "Protocolo e Cerimonial - Normas, Ritos e Pompa", "Eventos - Seu Negócio, Seu Sucesso" e co-autora de "O Negócio é o Seguinte - hábitos e costumes dos povos e sua influência na vida empresarial".

FUNDAMENTOS

As regras básicas, a seguir, existem para facilitar a vida em sociedade. Assim, ao determinar procedimentos e regras comuns a todos, evitam-se constrangimentos e embaraços.

O que é protocolo?

O vocábulo vem do grego PROTÓKOLLON, sendo PROTO primeiro e KOLLON cola, assim, tem como significado a tira de papel que se fixava a um documento para classificá-lo. É a padronização de Leis, regras, procedimentos, comportamentos, costumes e ritos de uma sociedade que visam organizar determinados acontecimentos. São utilizados diversos tipos de protocolos, por exemplo, federal, estadual, municipal, social e esportivo, entre outros. No meio esportivo pode-se afirmar que o protocolo esportivo nasceu junto com a primeira edição dos jogos olímpicos em 776 a.C. na cidade de Olímpia na Grécia.

O que é cerimonial?

Vem do latim CAERIMONIALES. É o conjunto de formalidades e normas, ou seja, a aplicação das regras dos mais variados protocolos em determinadas ocasiões. Os detalhes das cerimônias de abertura, de premiação e de encerramento são exemplos práticos dos protocolos esportivos. Podemos citar, a título de ilustração, a tradicional e famosa troca da guarda em frente ao Parlamento Grego em Atenas. A cerimônia segue um rígido protocolo, por exemplo, a média de altura dos militares é de 2 metros, a troca ocorre a cada 60 minutos, o uniforme sempre está em perfeito estado de apresentação, a imobilidade durante o turno é impecável, usam-se os tradicionais tamancos com pompom. Na marcha, eleva-se o passo até a horizontal sem perder o equilíbrio, bate-se ruidosamente o tamanco no chão, entre outras exigências protocolares. Quando tudo isto é posto em prática, dá-se o conhecido cerimonial de troca da guarda, que, em geral, é cercado por turistas de todo planeta pela maneira única como o cerimonial é conduzido.

Em um planejamento para um determinado cerimonial, é básico verificar o local em que será realizado o ato e qual o dispositivo adotado para as autoridades: mesa diretiva, palanque, primeira fileira de cadeiras, etc. E ainda, ter a relação das autoridades convidadas e confirmadas, além de ter em mãos, uma relação completa das principais autoridades da região.

Especial atenção deve ser dada à organização do local, à mesa diretiva, ao palanque, às bandeiras, à mesa de identificação das autoridades para preenchimento das nominatas, ao local dos convidados, ao local da imprensa, à decoração, etc.

O que é etiqueta?

Define-se por etiqueta, o conjunto de regras, procedimentos e atitudes profissionais ou familiares, que pautam o comportamento do indivíduo e de uma sociedade em cada época distinta. Indica ainda os costumes e hábitos dos povos. São normas que as pessoas devem utilizar nos mais diversos ambientes e nas mais diversas situações. Isto incluiu conhecimento das Leis, respeito às normas sociais e utilização da precedência, entre outras. Por exemplo, cuspir na rua, para o chinês, faz parte da etiqueta e tradição.

Assim, podemos afirmar de maneira prática que, etiqueta é quando você se sente confortável e procura fazer com que os outros se sintam confortáveis nas mais variadas circunstâncias.

O que é mesa diretiva?

É a famosa mesa das autoridades. Também conhecida como mesa diretora. Normalmente, são designadas para compor a mesa diretiva, as autoridades e as personalidades que compareçam no evento e que pelo cargo que ocupam ou pelo envolvimento com o evento, mereçam tal honraria. O número de lugares deve scr definido antes do evento e a composição da mesa dar-se-á de acordo com a precedência das autoridades presentes. Pequenos ajustes são normais, entretanto, muitas adaptações denunciam a falta de planejamento.

O que é precedência?

É a ordem das autoridades, ou seja, aquela que possui maior precedência terá a primazia nos cerimoniais em que tomar parte, por exemplo, ocupará lugar de honra, será a primeira a ser apresentada, terá o direito de discursar por último, entre outras prerrogativas da função que ocupa. Pode-se dizer que a precedência é o reconhecimento da primazia hierárquica dos participantes. Veja o exemplo da fórmula 1, o piloto com melhor tempo nos treinos oficiais terá direito a *pole position*, ou seja, terá a precedência sobre os demais carros e concorrentes com um lugar especial na largada.

A ordem de precedência que normalmente se segue é: hierarquia, idade, sexo (a mulher tem precedência sobre o homem), antiguidade na função ou posto, data de criação (antiguidade histórica), titulação acadêmica (especialista, mestre e doutor), ordem alfabética e, naturalmente, o imprescindível bom senso.

As solenidades federais são presididas pelo Presidente da República, em sua ausência, a presidência cabe ao Vice-Presidente.

As solenidades estaduais são presididas pelos Governadores, exceto quando o Presidente ou Vice-Presidente estão presentes e, no município, o Prefeito sempre presidirá as solenidades as quais comparecer.

Em geral, o anfitrião é o ponto de partida para organizar a precedência e, em casos especiais, a ordem de precedência deve ser ajustada pelo Chefe do Cerimonial para evitar dissabores e constrangimentos.

Existe precedência até na utilização de automóveis, o lugar de honra é no banco de trás e à direita do motorista. Quem entra primeiro é o convidado e o anfitrião dá a volta e entra pela outra porta.

Para quem atua na área de eventos, é fundamental conhecer o Decreto nº 70.274, de 9 de março de 1972 que contém as NORMAS DO CERIMONIAL PÚBLICO E A ORDEM GERAL DE PRECEDÊNCIA.

Curiosidade Nas eleições municipais de 2008, o município de Limoeiro, em Minas Gerais, teve dois candidatos a prefeitos empatados com 1.919 votos, assim, a vitória coube ao candidato que nasceu primeiro, ou seja, a precedência foi decidida na idade.

O que é primazia da direita?

É a tradição protocolar de ceder o lado direito para a maior autoridade sempre que duas autoridades ocuparem um espaço similar. Sempre que possível, a maior autoridade ocupa o centro da mesa, do palco, etc. Em caso de duas autoridades em uma mesma mesa, a de menor precedência cederá o seu lado direito à maior autoridade como forma de cortesia protocolar. Considera-se a direita e esquerda de um dispositivo usando-se como referência um observador colocado no respectivo lugar e de frente para o público. Veja ainda os capítulos sobre bandeiras e pódio. A primazia da direita é considerada histórica, ou seja, a igreja católica sempre a utilizou. Segundo alguns autores, há claras passagens na bíblia que indicam a utilização deste princípio e, curiosamente, os manuais militares que versam sobre a disciplina, continência e sinais de respeito também regulamentam que o subordinado deverá ceder a sua direita às patentes superiores.

Ordem dos discursos

A ordem em que as autoridades falam é rigorosamente inversa a ordem geral de precedência. Exemplificando: quando vamos compor a mesa diretiva (mesa das autoridades) convidamos primeiro o governador, depois o prefeito e por último o vereador. Na hora dos discursos a ordem é inversa, fala primeiro o vereador, em seguida o prefeito e, por último, o governador.

Entrevista

Não se negue a dar entrevistas, o que está em jogo é o evento/instituição e não você. Ao ser entrevistado para a TV, olhe diretamente para o entrevistador durante a pergunta e fixe o olhar para a câmera durante a resposta.

No caso de entrevista ao vivo, evite olhar o monitor que mostra a imagem que está no ar.

Pronunciamentos/Discursos

Um bom discurso é conciso e eloquente e em raras situações deve ultrapassar cinco minutos.

Em qualquer solenidade, a autoridade de maior precedência é sempre a última a falar.

É aconselhável que o discurso esteja escrito. O improviso pode levar a situações constrangedoras, embaraçosas e até hilárias. Evite.

Um discurso de improviso, eloquente, eficiente e eficaz é para poucos. Utilize fontes 16 ou 18 para facilitar a leitura e evite fixar o olhar no documento, alterne o olhar entre o público e o texto. Não apareça com um papel amarfanhado para ler.

> **Curiosidade:** Lembre-se: Se queres ser ouvido, fale alto. Se queres ser visto, fale em pé. E, se queres agradar, fale pouco.

A representação

Para o cerimonial, os representantes de autoridades são uma "pedra no sapato". Chega a dar uma pontinha de inveja da Espanha, país em que só o Rei pode mandar representante. Nos demais casos, ou a autoridade convidada está presente ou não!

Para diminuir os problemas com os representantes, seguem-se alguns preceitos: o representante deve ter um cargo do mesmo nível do convidado ou imediatamente anterior. Ou seja, um vereador pode representar outro, por exemplo, representar o presidente da câmara. Um secretário pode representar um prefeito.

Os representantes das autoridades não têm a mesma precedência das autoridades que representam, exceto os representantes dos Poderes Judiciário e Legislativo, quando membros destes (senadores, deputados, membros dos tribunais, desembargadores, etc).

Em geral, o representante ocupa o lugar que seu cargo lhe confere, sendo citado como representante da autoridade ausente.

Na presença do Presidente da República, não existe representatividade. Ou seja, quando o Presidente da República está presente, nenhuma autoridade pode ser representada.

Em jantares, almoços, churrascos e afins, nenhum convidado poderá se fazer representar.

O receptivo

Nome dado para as pessoas que recebem os convidados, o correto é que o anfitrião receba todos os convidados, entretanto, é uma função normalmente delegada às recepcionistas e/ou pessoas preparadas para a função. Vale frisar que o anfitrião deve considerar com carinho a possibilidade de receber todos os convidados antes de delegar função tão significativa a outras pessoas.

O anfitrião

O anfitrião é aquele que recebe, acolhe, sedia e arquiteta o evento. O valor de sua precedência é consenso entre os cerimonialistas e encontra vasto respaldo na literatura e legislação. Um bom exemplo da precedência de um anfitrião acontece na caserna, ou seja, o Comandante, Chefe ou Diretor de uma organização militar, nas visitas e cerimônias, acompanha a maior autoridade, passando à frente das demais, mesmo de posto superior. A legislação militar preceitua ainda que em banquetes o Comandante da Organização Militar em que se realiza o evento, senta-se à mesa principal ao lado direito da maior autoridade e, em caso de mesa plena senta-se em frente a maior autoridade.

> **Curiosidade:** Anfitrião, na mitologia grega, era marido de Alcmena. Enquanto Anfitrião estava na guerra, Zeus tomou sua forma para deitar-se com Alcmena, enquanto Hermes (mensageiro da vontade de Deus) tomou a forma de seu escravo Sósia e ficou de guarda no portão. Após grande confusão ao descobrir a gravidez da esposa, Anfitrião se acalmou com as explicações de Zeus e se sentiu prestigiado por ter uma esposa escolhida por um Deus. Daquela noite de amor nasceu o semideus Hércules. A partir daí o termo **sósia** passou a significar "cópia humana" e o de **anfitrião** "aquele que recebe em casa"

Uso do celular

Com a popularidade que o telefone celular atingiu, surgiram algumas regras básicas para o seu uso em sociedade. É um aparelho que já deixou de ser novidade e contribui, indiscutivelmente, para uma maior conveniência e produtividade, assim como é um excelente equipamento em casos de emergências. A etiqueta atual assegura que é um ato extremamente deselegante e de muito mau gosto deixá-lo ligado em teatros, auditórios, cinemas e cerimônias em geral. E ainda, não se deve utilizar o aparelho durante as refeições, em estúdios de rádio, de televisão, igrejas, etc.

É recomendado que se coloque no protocolo o pedido de desligamento do aparelho durante a solenidade. Uma sugestão interessante é deixar o aparelho o tempo todo no modo *vibracall* e, na impossibilidade, utilizar o mínimo do volume da campanhia.

Vale lembrar que as ligações enviadas aos telefones desligados ficam gravadas como não atendidas bem como existe o serviço de caixa postal para armazenar recados dos interessados.

Etiqueta no celular:

- Quando estiver acompanhado, dê preferência a pessoa ao seu lado e não ao celular
- Ao ligar, pergunte se a pessoa pode atender
- Fale em tom baixo e evite tornar público o seu assunto
- Cuidado com a escolha do toque e prefira os mais discretos
- Use o celular com moderação
- Se precisar usar o celular, em reuniões ou afins, peça licença e seja breve
- Não atenda o celular de outras pessoas, exceto quando for solicitado
- Não forneça o número do celular de terceiros

Cumprimento

Entre os orientais, é feita uma pequena inclinação do tronco para frente o que podemos facilmente verificar nos eventos esportivos de artes marciais.

Para os povos ocidentais é trocado um aperto de mão, lembrando que, neste caso, prevalecem as seguintes regras:

- Cumprimenta-se primeiro o anfitrião e em seguida os demais convidados.
- Quando se recebe alguém, as pessoas da casa devem ser apresen-

tadas ao visitante com deferência. Quem convidou faz as apresentações, por exemplo: – Prof. Wagner, este é o Prof. Vanderlei, nosso novo vizinho.

- Sempre se apresenta a pessoa menos importante para a mais importante. Ex: – Prof. Alaércio (secretário), este é o Salles nosso atleta do tênis.
- Os mais jovens são apresentados aos mais velhos.
- O homem é apresentado à mulher.
- A pessoa de maior precedência é quem deve estender a mão.
- Ao receber um superior hierárquico, fique em pé. Também é simpático ficar em pé ao receber uma visita e, ao se despedir, levá-la até a saída.
- O final de uma reunião é o momento mais indicado para a troca de cartões. Atualmente, a troca é feita na primeira oportunidade.
- Se esquecer o nome do seu interlocutor, salve-se da 'saia justa' perguntando qual o nome completo dele.
- Jamais recuse um aperto de mão.
- Evite o lembra-se de mim? Ou se não resistir à pergunta, imediatamente após a mesma, faça sua apresentação. Pessoas de destaque na sociedade, em geral, conhecem muita gente e, as vezes, pelas funções ocupadas ao longo da carreira, são conhecidas por milhares de outras pessoas.
- Está em desuso a fórmula "encantado!". Diz-se apenas "como vai?", "como está?", ou ainda "muito prazer!".

Obs. O aperto de mão deve ser firme, sem excessos. Aqui deve imperar o bom senso. Quem já não teve a mão efetivamente apertada por alguém? Ou ainda, quem já não trocou um aperto de dedos no lugar de um aperto de mãos? Ambas as situações são constrangedoras.

Durante a conversa

- Amenidades iniciais são só para quebrar o gelo, vá ao assunto.
- Não interrompa o interlocutor, espere que ele termine sua linha de raciocínio.
- Não se irrite caso não concorde com a opinião.

- Mantenha um tom de voz agradável, independente de ter razão ou de querer destaque para sua opinião.
- Não use as mãos para falar e nem segure o seu ouvinte pelos braços.
- Mantenha-se atento à conversação.
- Não fique calado o tempo todo, isto atrapalha o andamento da conversa.
- Não fale mal das pessoas.
- O marido apresenta "minha mulher". Nós apresentamos "sua esposa". A mulher apresenta "meu marido". Nós apresentamos "seu esposo".
- Seja franco dentro do bom senso. Lembre-se do que Freud dizia: *Podemos nos defender de um ataque, mas ficamos indefesos diante de um elogio.*
- Não insista em assuntos que a pessoa queira evitar. Curiosamente existem algumas palavras com a letra "D" que devem ser evitadas: dinheiro, diretrizes políticas, depressão, doenças, desgraças, doutrinas religiosas etc.
- Saiba ouvir, lembre-se do que dizia Confúcio: *Conhecer a ti é inteligência, conhecer o outro é ciência.*
- Evite a bajulação. É de fácil detecção e extremamente desagradável.
- Evite assuntos pessoais no trabalho e vice-versa.
- Evite excessos de desculpas após eventual gafe.
- Evite palavras pomposas para dizer o simples: *Deixe o colóquio flácido para acalentar bovino e retire o equino da precipitação fluvial.* Vá ao popular: *Deixe de conversa mole pra boi dormir e pode ir tirando o cavalinho da chuva.* Todo mundo compreende. Como dizia Pelé: Entende?
- Por último, tome cuidado com cacófatos e afins para não falar: "Vaca H" "Um por cada" "Boca dela" "Vou-me já" "Para me ter" "Ninguém confisca gado" "Ele nunca ganha".

Etiqueta esportiva

É bastante comum receber um convite para uma partida amistosa de um determinado esporte e quando isso acontecer, pense com carinho nas seguintes atitudes:

- Quando convidar alguém para assistir um evento esportivo, compre os ingressos com antecedência.
- Quando convidado por alguém, pergunte detalhes da roupa mais adequada, horário, tipo de transporte e coloque-se à disposição.
- Caso esteja assistindo um jogo em que seu time do coração não está em campo, seja cortez e mostre entusiasmo pelo time do amigo.
- No estádio, ofereça-se para comprar um lanche, um refrigerante para o anfitrião e demais convidados.
- Quando outros torcedores estiverem atrapalhando sua visão, é melhor um sonoro "Senta!" do que o excesso de educação "Caro senhor, desculpe incomodá-lo, haveria a possibilidade de o insigne cavalheiro sentar-se para que meu campo de visão não seja prejudicado?".
- Nos jogos de tênis, evite sair do seu lugar durante as disputas, caso não seja possível esperar o término do game, saia cuidadosamente e só volte ao final do game ou do set.
- Lembre-se de que cigarro e bebidas não combinam com o ambiente esportivo.
- Ao ser convidado para jogar uma partida de determinado esporte, tenha certeza do nível que esperam de você, seja honesto a respeito dos seus conhecimentos e de suas habilidades.
- Quando confirmado o jogo (Por exemplo: Uma partida de tênis), faça um ponto chegando antes e levando as bolinhas de preferência novas ou com pouco uso, pois isso causará uma excelente impressão.
- Ofereça-se para pagar as taxas da quadra e despesas da lanchonete.
- Durante a disputa não discuta as regras, aceite a opinião do anfitrião.
- A menos que você seja um médico de plantão, desligue seu celular.
- Caso você jogue bem e saia vencedor, não fique se gabando, o seu resultado falará por você.
- Não justifique suas fraquezas.
- Cuidado com as exclamações no fragor da disputa, um palavrão em momento inoportuno poderá dificultar novos convites.
- Seja cavalheiro. Não dê grande importância ao resultado e sim

ao momento proporcionado pelos amigos.
- Ao terminar, ofereça-se para guardar os equipamentos, limpar, varrer, ou algo similar.

Etiqueta na academia

Como estamos numa época de preocupação com a saúde, frequentar uma academia passou a ser trivial. Assim, evite tornar-se uma pessoa desagradável seguindo algumas dicas simples:
- Evite usar perfume muito forte.
- Não monopolize o espelho. Não exagere! Você está em um local público compartilhado aos associados.
- O mesmo vale para os equipamentos que devem ser divididos por todos.
- Habitue-se a usar sempre uma toalha.
- Caso você suje ou molhe um equipamento, limpe-o com sua toalha.
- Retorne ao lugar de origem os pesos e colchonetes que você usou.
- Evite ficar circulando pelado pelo vestiário.
- Evite ficar muito tempo no banho.
- Não ocupe todo o espaço do banco com roupas, calçados, toalha etc.
- Se houver piscina... Tome uma ducha antes do mergulho.
- Não dê palpite nos exercícios alheios.
- Se paquerar, faça-o com moderação.
- Se atender ao telefone celular for inevitável faça-o com discrição.
- Não insista em conversar com quem não quer conversa.
- Não faça a barba na sauna, é anti-higiênico.

Curiosidade: O presidente da Câmara é o segundo na linha sucessória da República. Assume a Presidência na ausência ou impedimento do presidente e do vice. O presidente do Senado é o terceiro na linha sucessória e assume em caso de impedimento do presidente, do vice e do presidente da Câmara.

FUNÇÕES DO ENCARREGADO DO CERIMONIAL

Entre as funções que o encarregado do cerimonial tem, vale destacar:

Garantir o cumprimento das normas do cerimonial para a Instituição a que este estiver vinculado.

Pesquisar, sugerir e opinar sobre as questões de precedência.

Organizar a recepção das autoridades, personalidades e público em geral, dedicando especial atenção quando

se tratarem de personalidades e autoridades internacionais.

Elaborar, conferir e expedir os convites e ofícios, e ainda, controlar as confirmações dos convites.

Colaborar com os demais profissionais do cerimonial, quando em solenidades e parcerias conjuntas com outras Instituições.

Organizar e manter as correspondências e cadastro de personalidades, autoridades e da imprensa, atualizados.

Opinar na escolha do local do evento, levando em consideração a capacidade, a segurança, a decoração e a viabilidade do cerimonial.

Sugerir que sejam convidadas autoridades dos três níveis: executivo, legislativo e judiciário.

Analisar a real necessidade da presença de determinada autoridade, tendo em vista que há a questão de partidos políticos, rivalidades e outros interesses.

Verificar se houve ratificação da presença das autoridades convidadas – principalmente se as autoridades estiverem inseridas na ordem do dia, isto é, se terão discursos a serem proferidos, homenagens a receber, etc.

Checar a lista dos participantes e determinar quem participará, se todo um quadro da instituição ou somente alguns elementos-chave para determinado evento.

Montar uma equipe competente de recepção para identificação e acomodação das autoridades e convidados. O (a) recepcionista deverá ser estipulado pelo chefe de cerimonial, principalmente se houver lugares prédeterminados.

Preparar uma sala *Vip*. Local onde as autoridades permanecem concentradas antes da solenidade e preparadas para serem chamadas ao palco ou palanque. O chefe de cerimonial deverá providenciar, nessa sala, o máximo de conforto para os convidados, desde água, café e canapés, até telefones, fax, internet, espelho de corpo inteiro para um último retoque, banheiros, além de sofás e outras necessidades.

Conferir a ordem das bandeiras e o local do dispositivo e em caso de hasteamento, deixar as bandeiras previamente preparadas e com uma equipe responsável.

Definir os locais dos convidados e, de acordo com a precedência, nominar os assentos e os cartões de mesa.

Providenciar a nominata e uma equipe experiente para o seu preenchimento.

Verificar a decoração e lembrar que, se houver algum arranjo floral o mesmo deve estar de acordo com as características do evento. Por exemplo, evite rosas vermelhas para um evento essencialmente masculino.

Indicar a ordem dos discursos, confirmar com as autoridades e informar ao mestre de cerimônia.

Verificar se haverá alguma participação especial ou atividade menos usual e procurar ensaiar com o responsável antes do momento real.

Lembrar sempre dos três "Bs" do cerimonial

- Bom senso
- Boa organização
- Boa vontade

O apoio ao encarregado do cerimonial é dado pelas seguintes equipes, pessoas ou itens:

- Mestre de cerimônias
- Recepcionistas
- Seguranças
- Marketing
- Iluminação
- Sonorização
- Fotografia
- Filmagem
- Manobristas (valet)
- Decoração
- Buffet
- Programa do evento

Curiosidade: Foi aprovado em outubro de 2009 o Projeto de Lei da Câmara (PCL) 203/08 que institui o **Dia Nacional do Cerimonialista, a ser comemorado em 29 de outubro.** O projeto, proposto pelo deputado Arnaldo Jardim, leva em consideração a data de criação do Comitê Nacional do Cerimonial Público (CNCP) no dia 29 de outubro de 1993.

O MESTRE DE CERIMÔNIAS

O mestre de cerimônias é o responsável pela condução do evento. Via microfone, ele explica e anuncia todas as suas fases. O sucesso do acontecimento depende em grande parte da competência do mestre de cerimônias que determina *o quê, onde, como e quando fazer,* nos momentos protocolares de um evento, ao conduzir o programa do cerimonial e, principalmente, nas situações inusitadas que podem acontecer.

Ele constitui um elo entre o cerimonial e o protocolo, e, para tanto, deve ter uma boa formação geral e, obviamente, conhecer muito bem os assuntos relacionados ao cerimonial, ao protocolo e aos eventos.

A voz é fundamental para o mestre de cerimônias. Existem vários tipos de vozes, as mais conhecidas são: Veludo (suave), Pato (esganiçada), Trovão (estrondosa), Sereia (encantadora), Polichenelo (tremida), Taquara (rachada) e a desejada voz de OURO que é a voz ideal por ter um timbre extremamente agradável e uma dicção que todos entendem. Entretanto, uma boa voz precisa estar associada a outros atributos imprescindíveis para o desempenho da função do MC.

Características desejáveis:
- Postura corporal
- Aparência pessoal e elegância
- Formação específica
- Pontualidade
- Boa memória
- Excelente relação interpessoal
- Naturalidade nas ações
- Ser sintético em suas considerações
- Ser preciso nas informações
- Boa dicção e bom timbre de voz
- Traquejo para saber tomar iniciativa
- Ter domínio de palco
- Estar bem informado a respeito do evento e das autoridades convidadas
- Conhecer a legislação pertinente
- Vestir-se adequadamente
- Boa educação
- Ter conhecimento antecipado do roteiro da cerimônia (*script*)

Evento esportivo:

Além das habilidades já citadas, em um evento esportivo, é fundamental que o mestre de cerimônias tenha:

- Inspiração
- Alegria
- Criatividade
- Determinação
- Entusiasmo
- Empatia

Atividades básicas do mestre de cerimônias:

- Manter atualizado o *check list* dos eventos
- Relacionar o nome das autoridades e personalidades
- Conferir nominata junto ao cerimonial
- Conferir com antecedência a pronúncia correta dos nomes dos envolvidos
- Participar da contratação dos profissionais para o evento: sonorização, iluminação e decoração, entre outros
- Testar o som, as músicas e acertos dos microfones dos convidados especiais
- Definir os tipos de microfones que serão utilizados: de lapela, de mesa, sem fio ou ainda o *headset*
- Ajustar o púlpito quanto à iluminação e ao microfone
- Verificar as músicas e as mídias disponíveis
- Verificar se não há exageros na decoração
- Conferir os detalhes do roteiro (Prêmios, flores, documentos a serem lidos, documentos a serem assinados, outros)
- Fazer os ajustes necessários
- Ler várias vezes o roteiro
- Ensaiar mais de uma vez

Recomendações gerais:

- Usar roupas adequadas ao evento
- Não fumar, beber ou usar drogas
- Não abusar do ar condicionado
- Alimentar-se de maneira saudável
- Evitar comida e bebida gelada
- Beber bastante água

- Utilizar ponto eletrônico para comunicação
- Evitar a tosse e o pigarro
- Falar sem gritar e de maneira natural
- Cuidar da imagem profissional
- Ser cortês
- Manter uma postura discreta e elegante
- Ser paciente com os demais envolvidos no evento
- Não colocar as mãos nos bolsos
- Não cruzar os braços
- Não usar chicletes e balas durante o evento
- Ter cuidado com decorações florais que exalam forte perfume

O que o mestre de cerimônias deve evitar:

- Demonstrar intimidade com as autoridades
- Chamar as autoridades ou personalidades sem o uso correto do pronome de tratamento ou cargo e função específicos
- Emitir comentários sobre sua imagem, família, ou fatos desagradáveis, entre outros
- Improvisos e fugas do roteiro estabelecido
- Dar um toque pessoal de última hora no roteiro
- Redigir o roteiro utilizando termos arcaicos e frases de difícil entendimento pelo público. Por exemplo: *Insigne edil aufira meu ósculo e meu amplexo*
- Exageros nas demonstrações de simpatias
- Ser o centro das atenções

Curiosidade: O bom MC fica atento aos mínimos detalhes. Assim, por motivos óbvios, fique atento aos nomes comuns aos dois sexos: Darci, Eli, Valdeci, Nadir, Lucimar, Erli, Jari, Jucilei e outros.

O PÚLPITO

A utilização correta do púlpito muito ajuda no desenrolar de um evento esportivo, pois é desse local que o mestre de cerimônias (MC) comanda todo o cerimonial. Muitas autoridades, que já se encontram confortavelmente em seus respectivos lugares, na mesa das autoridades, preferem, na hora da fala, fazer seu discurso do púlpito, pois se sentem mais seguras e podem apoiar um papel com um roteiro, texto ou discurso. O

púlpito de acrílico possui a vantagem de causar uma impressão vanguardista e de intimidade com o público; entretanto, denuncia todos os movimentos da pessoa que o utiliza, bem como deixa a mostra todos os fios, movimentos bruscos, trocas de papel, entre outros. O púlpito deve ceder o lado direito para a mesa diretora e esta cede o lado direito para as bandeiras. Lembrando que é sempre do ponto de vista de quem está no local referenciado e olhando para o público.

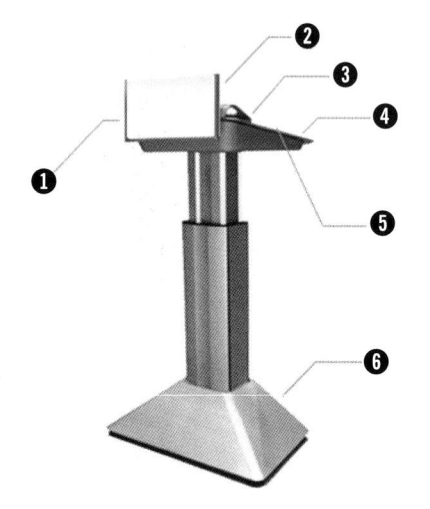

1 Nome do evento
2 Luz para leitura
3 Suporte para microfone e para copo
4 LCD ou suporte para papéis
5 Sistemas de ajuste
6 Tomadas

Obs. Pode-se ainda acrescer o teleprompter.

Existem vários tipos de púlpitos, dentre eles destacamos: o de pedestal de acrílico, o de aço inox ou ainda o de madeira. O mais comum é o tipo *tribuna* ou *parlatório,* que é fechado e normalmente confeccionado em madeira, é muito utilizado em igrejas, tribunais, escolas, câmaras e auditórios em geral. Os musicistas costumam utilizar um tipo portátil, leve, ajustável e dobrável.

Curiosidade: Com a tecnologia surgiu o *teleprompter* para facilitar a vida de quem discursa do púlpito, consiste em uma tela transparente (quase imperceptível para o público) que serve para o orador ler e simultaneamente olhar para o público.

CERIMÔNIA DE ABERTURA
Opening ceremony

O novo chefe do protocolo discursou para os titulares das delegações durante os Jogos de Inverno de Sapporo, em 1972. O dever de todos era, disse Samaranch, convencer os atletas da importância da cerimônia de abertura. Qualquer atleta ausente do desfile seria culpado de "descortesia, violação das normas e de prejudicar o valor moral dos Jogos" (SIMSON, V. & JENNINGS 1992, pag.101).

A abertura de um evento esportivo é um momento fundamental para todos os envolvidos direta ou indiretamente. Quando bem planejada, ensaiada e realizada com sucesso se traduz em grande alegria, euforia e satisfação.

Das cerimônias que envolvem o evento esportivo a abertura é a mais importante, além dos vários significados, tradições e simbolismos evocados, nesta fase, ainda existe a ansiedade dos organizadores, parceiros e público por ser este o momento que irá caracterizar o início oficial das competições. A utilização criativa dos símbolos, imagens, histórias, folclore e a interação com o público, quando bem arquitetada, fazem da cerimônia de abertura um momento mágico e inesquecível.

Os organizadores devem instituir uma comissão de cerimoniais para a realização e organização da cerimônia de abertura, encerramento e premiação. Esta comissão ficará encarregada de todo planejamento, pesquisa, avaliação e realização das cerimônias. Além dos aspectos operacionais e logísticos, a comissão deverá discutir e analisar o número de participantes nas cerimônias, criar normas, regulamentos e demais documentos afins. Também cabe à comissão colaborar na confecção dos convites às autoridades. Se for o caso, colaborar ainda na preparação e controle do quadro de medalhas e prestar apoio às equipes de premiação nas cerimônias específicas.

Sequência básica de uma cerimônia de abertura

- *Concentração das delegações em ordem alfabética*
- *Concentração das autoridades em área VIP*
- *Entrada da banda, fanfarra ou orquestra*
- *Entrada das delegações em ordem alfabética*
- *Entrada da delegação anfitriã (Sede)*
- *Entrada dos árbitros*
- *Composição e/ou apresentação da mesa ou palanque*
- *Entrada das bandeiras*
- *Hasteamento das bandeiras*
- *Hino Nacional.*
- *Entrada e hasteamento da bandeira do evento*
- *Entrada do fogo simbólico**

- *Acendimento da pira**
- *Declaração de abertura*
- *Juramento do atleta*
- *Juramento do árbitro*
- *Saudações aos participantes*
- *Saídas das delegações*
- *Eventos artísticos e apoteóticos*
- *Encerramento do cerimonial e início das competições.*

*O acendimento da pira pode ser o último momento da cerimônia de abertura, entretanto, esta alteração só tem efeito quando este acendimento é realizado de maneira espetacular, quase mágica. As aberturas olímpicas e Pan-americanas, em geral, são bons exemplos desta afirmação. Deve-se investir neste momento, o fogo simbólico tem grande aceitação no imaginário do público em geral.

O protocolo olímpico tem algumas diferenças do modelo sugerido, pois, além das peculiaridades do país sede, deve-se levar em consideração que é uma abertura para mais de 200 países. Tradicionalmente, a abertura olímpica é o maior espetáculo dos jogos olímpicos e é televisionada para o mundo todo. Veja detalhes das grandes aberturas esportivas nas próximas páginas.

Qual o significado dos aros olímpicos?

Eles representam a união dos cinco continentes e pelo menos uma de suas cinco cores está presente na bandeira de cada um dos Comitês Olímpicos Nacionais vinculados ao COI. É a principal representação gráfica dos Jogos Olímpicos e a marca do próprio Comitê Olímpico Internacional. O símbolo do Comitê Olímpico Brasileiro une os aros olímpicos a uma representação da bandeira do Brasil.

O aros interligados simbolizam ainda o encontro dos atletas de todo o mundo durante a celebração dos Jogos Olímpicos. Interligados sobre um fundo branco, nas cores azul (Europa), amarela (Ásia), preta (África), verde (Oceania) e vermelha (América). Os aros olímpicos foram idealizados em 1914 pelo Barão Pierre de Coubertin.

Qual o significado do lema olímpico?

Assim como é comum encontrarmos *slogans* em nossa sociedade, os grandes eventos não fogem à regra e acompanham a tendência. Na Copa de 2006 criou-se o *slogan* **Tempo para fazer amigos,** em Pequim 2008 o slogan era **Um mundo um sonho.** Em 2010, na Copa da África do Sul, foi utilizado o slogan **Chegou a hora de celebrar a humanidade da África.**

O movimento olímpico possui um tradicional lema: Citius, Altius, Fortius que significa, em latim, **mais rápido, mais alto, mais forte.** Essa citação, criada pelo Padre Didon, amigo do Barão Pierre de Coubertin, serve como lema do ideal olímpico e resume a postura que um atleta precisa ter para alcançar seus objetivos. **Sua essência está na superação dos limites, ou seja, mais importante do que terminar em primeiro lugar é explorar o próprio potencial, dar o melhor de si e considerar isso uma vitória.**

Qual o significado da tocha olímpica?

Que a Tocha Olímpica siga o seu curso através dos tempos para o bem da humanidade cada vez mais ardente, corajosa e pura (Barão Pierre de Coubertin).

O fogo é um símbolo fundamental na história da humanidade para o olimpismo. É o elo entre os Jogos da Antiguidade e os Jogos da Era Moderna. A chama é acesa em Olímpia, na Grécia, onde se inicia o revezamento da Tocha, que passa por várias cidades do mundo até chegar à cidade-sede. Nos jogos de Pequim o trajeto foi de 137.000 km.

O fogo sagrado, tido como elemento purificador, anuncia o começo dos Jogos e convoca o mundo a celebrá-los em paz. A Tocha é transportada por atletas e cidadãos comuns até o local da cerimônia de abertura, quando a chama acende a Pira, no Estádio Olímpico, onde será apagada na cerimônia de encerramento. A cada edição, a cidade-sede cria a sua própria Tocha, que ganha novos desenhos e formas e, o seu acendimento na cerimônia de abertura, costuma ser a grande sensação de todo o cerimonial.

O acendimento do fogo simbólico costuma ser extremamente comovente nas aberturas esportivas, assim, dar uma atenção a este quesito é decisivo para podermos encantar os participantes de nosso evento e, principalmente, para não decepcioná-los já que, em geral, se espera sempre algo criativo e emocionante.

Uma das maiores emoções ocorreu na abertura dos Jogos de 1964, em Tóquio no Japão. Em momento de grande expectativa Yoshinori Sakai adentra o estádio olímpico com a tocha em punho. O estádio olímpico de Tóquio treme com a explosão comovida do público. O jovem Sakai havia nascido em Hiroshima no dia em que a cidade foi destruída pela bomba atômica. Este é um exemplo explícito do simbolismo que existe no acendimento do fogo.

Curiosidade: A primeira vez que se utilizou o fogo simbólico, na era moderna, foi em 1928, nas Olimpíadas de Amsterdã. O ritual foi repetido em Los Angeles, em 1932. Nas duas ocasiões a chama foi acesa no próprio Estádio Olímpico. O primeiro revezamento, que deu origem aos grandes périplos da chama, ocorreu em 1936 na cidade de Berlin. No dia 20 de julho de 1936, a chama foi acesa em Olímpia e entregue ao corredor grego Kostantin Kondylis, o mesmo teve a honra de correr o primeiro quilômetro de um revezamento de 3.075 km.

Qual o significado do juramento olímpico?

Compromisso solene feito em público, o juramento olímpico acontece desde os Jogos de Antuérpia em 1920. Os primeiros juramentos de atletas e árbitros foram escritos pelo Barão Pierre de Coubertin. Os gregos antigos já tinham o hábito de fazer orações no templo de Zeus para que as competições fossem justas e positivas. O texto atual do juramento do atleta foi modificado e atualizado pelo COI nos Jogos de Sidney 2000. Assim, a partir de Sidney, passou a ter uma referência ao desejo de competir sem recorrer às drogas. O objetivo da mudança foi ressaltar a importância de competir sem doping. O atual juramento, realizado durante a cerimônia de abertura, é o seguinte:

> *"Em nome de todos os competidores, prometo participar destes Jogos Olím-picos, respeitando e cumprindo com as normas que o regem, me compro-metendo com um esporte sem doping e sem drogas, no verdadeiro espírito esportivo, pela glória do esporte em honra às nossas equipes".*

Juramento da Special Olympics:

Espanhol: Yo quiero ganar, pero si no puedo, quiero ser valiente el intento

Inglês: Let me win, but if I cannot win, let me be brave in the attempt.

Português: Quero vencer. Mas se não puder vencer, quero ser va-lente na tentativa.

Quando é executado o Hino Olímpico?

É executado em todas as cerimônias olímpicas oficiais. Na maioria das vezes ao lado da bandeira olímpica. Em muitas cerimônias ele é interpretado ao vivo e em Grego. Foi criado na Grécia em 1896 pelo compositor Spirou Samara, com letra do músico Cositis Palamas. O Hino Olímpico foi adotado definitivamente pelo COI em 1958.

CERIMÔNIA DE ABERTURA DO PAN 2007
– 13.07.07

A cerimônia de abertura do Pan 2007 no estádio do Maracanã foi um grande e inesquecível momento esportivo. O evento foi transmitido ao vivo para todos os continentes. O sucesso daquele momento histórico criou novos paradigmas, exemplos e sugestões para os organizadores. A energia do povo brasileiro foi o mote para a abertura VIVA ESSA ENER-GIA, o roteiro da cerimônia fez um passeio pela música e geografia do Brasil apresentando um pouco de nossas festas e cultura popular. Assim, apresenta-se a seguir a sequência adotada naquela oportunidade e respectivos comentários pertinentes ao cerimonial.

Sequência adotada na cerimônia de abertura do Pan 2007:

- Aquecimento do público
- Chegada do presidente
- Hino Nacional Brasileiro
- Abertura - *Viva Essa Energia*
- Desfile dos atletas
- Execução do Hino do Pan
- Segmento artístico
- Apresentação no telão do Revezamento da Tocha
- Discursos
- Declaração de abertura
- Hasteamento das bandeiras da ODEPA e do COI
- Juramento do atleta
- Juramento do árbitro
- Acendimento da Pira
- Encerramento com número musical

Comentando cada fase:

Aquecimento do público: O enorme público presente no Maracanã foi fundamental para propiciar momentos de entretenimento para os que chegavam antes do horário. Além dos DJs, que tocavam para o público, foram escalados dois craques do esporte para interagir com os espectadores: Virna (voleibol) e Robson Caetano (atletismo). Eles comandaram os ensaios das coreografias, palmas e contagem regressiva para a torcida presente no *Maraca*.

Chegada do presidente: A abertura oficial, prevista para às 17h30, por problemas na fiscalização atenta e rigorosa nas entradas do estádio, começou às 18h00 com o anúncio do nome do presidente da república em nome do qual o Brasil tinha a honra de receber todas as demais delegações. Neste momento ocorreu uma grande vaia confirmando a teoria de Nelson Rodrigues que afirmava: **O MARACANÁ VAIA ATÉ MINUTO DE SILÊNCIO.** Já o jornal Folha de São Paulo publicou a seguinte manchete: **LULA VAI AO PAN E PAN VAIA O LULA.**

Hino Nacional Brasileiro: A cantora Elza Soares fez uma interpretação ímpar do Hino Nacional e os Dragões da Independência fizeram o hasteamento do pavilhão nacional, simultaneamente o público fez coro com Elza Soares criando uns dos grandes momentos da abertura.

Abertura – Viva Essa Energia: As luzes e fogos de artifício deram um *show* e começaram a mostrar o comprometimento dos organizadores com a abertura. A cantora Lua foi a primeira artista a se apresentar com o baiano Kainá do Jeje, de 12 anos, eles abriram o segmento artístico tocando um "rum" (instrumento típico do candomblé) junto com 1.500 percursionistas (o equivalente a cinco baterias de escolas de samba) dispostos pelo palco, gramado e acessos nas arquibancadas e cadeiras do estádio. Colocar parte dos percussionistas junto ao público foi uma excelente ideia para a integração e interação completa do público com o espetáculo. Arnaldo Antunes e Ana Costa cantaram a música-tema **Viva Essa Energia** e o público realizou com êxito a coreografia ensaiada inúmeras vezes enquanto aguardavam o início da Cerimônia de Abertura.

Desfile dos atletas: As delegações dos 42 países participantes dos Jogos desfilaram entre os ritmistas, ao som de chorinhos brasileiros. A abertura do desfile coube a delegação da Argentina por ter sido a sede do primeiro Pan. A delegação do Brasil encerrou o desfile e a *Miss Brasil* Nathália Guimarães levou a bandeira ao centro do Palco, onde se encontravam os porta-bandeiras das demais delegações. Os atletas, após o desfile, se acomodaram em cadeiras reservadas e puderam assistir confortavelmente toda a abertura. Por motivos operacionais o desfile das delegações foi realizado no sentido horário, contrariando a tradição e o protocolo que preconiza o sentido anti-horário.

Execução do Hino do Pan: Coube a Orquestra Sinfônica Brasileira a interpretação do Hino do Pan e de outras participações memoráveis, possibilitando um resgate cultural ao vivo e demonstrando grande competência. A orquestra estava de corpo presente no Maracanã e impecavelmente vestida.

Segmento artístico: Nesta fase foram exploradas as três energias distintas: a do sol, a das águas e a do homem. A atriz Nathália Timberg declamou um poema de Arnaldo Antunes sobre a energia do Sol. No centro do Maracanã, ilustrando a poesia, desfilaram: cobras-coral, vitórias-régias, borboletas, pássaros e um jacaré de 20 metros. A seguir, a energia das Águas transformou o gramado em um grande mar azul com barquinhos flutuando sobre as ondas. Ao som da bossa-nova, as areias e o famoso calçadão de Copacabana foram fielmente retratados (As bandeiras simbolizando o calçadão foram ovacionadas pelo público). A coreógrafa do segmento foi a bailarina e professora Carlota Portela. A energia do Homem apresentou a diversidade e a pluralidade cultural brasileira por meio de manifestações de danças tradicionais de vários lugares, como o reisado e o maracatu. O imaginário criou representações de medos, através de "figuras fantásticas" como a Bernúncia, o Cazumbá, a Carranca, a Coruja e o Boi da Cara Preta. A alegria apareceu para afugentá-los, trazida pelos palhaços que os espantaram com espadas de fogo e cornetas, chamando o povo para vadiar. A coreógrafa do segmento foi Lola Gabriel. Adriana Calcanhoto abriu esta parte do *show* cantando canções de ninar, numa forma de mostrar como transformar os pesadelos em sonhos. Quase 100.000 pessoas cantaram em coro **Boi, boi, boi. Boi da cara preta, pega essa criança que tem medo de careta**. Sensacional! Momento inesquecível.

Revezamento da Tocha apresentado no telão: Visando criar expectativa para a entrada do FOGO DO PAN, foi apresentado em vídeo um resumo do Revezamento da Tocha Pan-americana Rio 2007, que percorreu 51 cidades até chegar ao Estádio do Maracanã.

Discursos: Apenas duas autoridades discursaram na abertura, o que foi muito bom. Primeiro falou o presidente do comitê Organizador dos Jogos Pan-americanos Rio 2007 (CO-RIO), Carlos Arthur Nuzman e em seguida o presidente da Organização Desportiva Pan-americana (ODEPA), Mário Vázquez Raña. Curiosamente quando ele iniciou em espanhol o seu discurso, "HOY"... (hoje), todo o Maracanã respondeu: - oi!!! Demonstração inequívoca da descontração dos brasileiros. Vázquez Raña deu o troco na Cerimônia de Encerramento e começou seu discurso com um sonoro Oi!!! Obviamente foi euforicamente correspondido pelo público do Maracanã.

Declaração de abertura: Pelo protocolo do COI e da ODEPA é o presidente do País sede que tem a honra de fazer a declaração de abertura, entretanto a hostilidade do público presente no Maracanã e alguns desencontros entre o protocolo do evento e o da presidência fizeram com que, pela primeira vez na história dos jogos, a declaração de abertura fosse realizada por outra personalidade. No caso a honra coube ao presidente do comitê Organizador dos Jogos Pan-americanos Rio 2007 (CO-RIO), Carlos Arthur Nuzman, que afirmou: Declaro abertos os XV Jogos Pan-americanos Rio 2007, boa sorte Brasil!

Hasteamento das bandeiras da ODEPA e do COI: As duas bandeiras desfilaram no Maracanã e foram conduzidas por diversos atletas e personalidades de renome. Os Dragões da Independência fizeram o hasteamento das bandeiras.

Juramento do atleta: Natália Falavigna, do taekwondo, fez o juramento em nome dos 5.662 atletas participantes dos Jogos Rio 2007:
Em nome de todos os competidores, eu prometo, participar dos XV Jogos Pan-americanos, respeitando e seguindo as regras que os governam com verdadeiro espírito esportivo. Pela glória do esporte e honra de nossos times.

Juramento do árbitro: A árbitra Yumi Yamamoto Sawasato, da Ginástica Artística, conduziu o juramento dos árbitros:
Em nome de todos os árbitros e oficiais, eu prometo, exercer minha função nesses jogos com completa imparcialidade, respeitando e seguindo as regras que os governam com verdadeiro espírito esportivo.

Acendimento da Pira: Chico César cantou uma oração pela Paz, acompanhado pela performance do Grupo de Dança Deborah Colker. A Tocha Pan-americana entrou no estádio pelas mãos de vários atletas até que Gustavo Borges (natação) passou para Joaquim Cruz (atletismo) fazer o acendimento do sol. A Pira Pan-americana tinha o formato do sol e, engenhosamente, ficou com a chama acesa apenas em sua parte interna e, simbolicamente, sobre as águas, causando um visual de esplêndida beleza e fazendo com que um gesto simples pudesse conter uma mensagem verdadeira de harmonia e paz. Ou seja, momento de puro e genuíno simbolismo.

Encerramento com número musical: Para finalizar o show de abertura, Daniela Mercury teve a responsabilidade de arrematar a festa com o mesmo astral positivo de 2 horas e 30 minutos atrás. O Maracanã cantou Cidade Maravilhosa com os 4.500 participantes do elenco de dança no gramado trocando intensa energia com o público.

Curiosidades da abertura – Pan 2007

Pira: seis metros de diâmetro; seis metros de altura e pesava cinco toneladas. Queimou 750 quilos de Gás Líquido de Petróleo (GLP) a uma temperatura que variou entre 100 e 400 graus centígrados.

Números da abertura: 4500 artistas (todos voluntários), 250 pessoas no STAFF, 300 pessoas da força de trabalho (co-rio), 25 coreógrafos, 1.020 voluntários de suporte (backstage), 5.365 fantasias completas de 56 modelos diferentes, 6 mil sapatos, 155 alegorias, figurinos para 23 artistas e respectivas bandas, palco em formato de sol com 28 metros de diâmetro, cinco metros de altura e visão circular.

Os organizadores, nas semanas que antecederam a abertura, solicitaram aos espectadores que viessem com roupas brancas ou de cores claras, o objetivo era adequar melhor o público à iluminação preparada para o show e assim poder integrar todo o conjunto. Mais de 70% atendeu a solicitação dos organizadores e as luzes foram um show a parte.

Mais alguns números, 1000 agentes da Força Nacional apoiaram a segurança na abertura. 500 guardas municipais colaboram com a organização geral. Foram usados 112 magnetrômetros (detectores de metais) e outros 112 aparelhos de raio X. A segurança ao redor do Maracanã coube a Polícia Militar com a cavalaria e cães.

A iluminação contou com 1000 luzes comandadas por computadores. Aconteceram 11.000 disparos de fogos de artifícios de 127 pontos do Maracanã, o equivalente ao que a Disneylândia lança em uma semana de atividade.

> **Curiosidade:** A Cerimônia de Abertura dos Jogos Pan americanos 2007 conquistou vários prêmios internacionais, inclusive, o prêmio de melhor figurino do Emmy, o Oscar da TV americana. A abertura conquistou ainda outros oito importantes prêmios, dentre eles, o oferecido pela Revista Sport Business, que elegeu a Cerimônia de Abertura do Pan a melhor dos eventos multiesportivos realizado no mundo em 2007. Os Jogos conquistaram ainda seis premiações no Telly Awards. O impacto positivo da abertura colaborou na conquista do Brasil para sediar os Jogos de 2016.

Cerimônia de Abertura dos Jogos Olímpicos de Pequim
– 08.08.08

Às oito horas, oito minutos e oito segundos da noite do oitavo dia do oitavo mês de 2008, Pequim abriu a 29ª Olimpíada da era moderna.

Como toda abertura olímpica, esta também deixou sua marca de um evento grandioso, criativo, impecável. Uma das marcas deixadas foi a utilização de luzes de maneira profusa e eficaz. A iluminação do evento contou ainda com um apoio extra do público através da distribuição de bastões com luzes de cores diversas para cada uma das 91.000 pessoas presentes; assim, o público deixou um fundo azul como cenário do espetáculo.

A utilização de fogos de artifícios ao longo de toda abertura foi outra característica da festa. A alta tecnologia esteve presente com um imenso telão na forma de pergaminho no centro do estádio olímpico (Ninho do Pássaro) e as apresentações eram ricas em luzes e cores. Com uma narrativa focada em um pergaminho central as fases da cerimônia se sucederam de maneira encadeada e espetacular. O pergaminho funcionou como uma tela na qual foram projetadas imagens referentes a história chinesa com destaque para a criação do papel, pólvora, bússola e imprensa.

Logo no início ficou patente que a abertura seria superlativa, 2008 atores realizaram com perfeição coreografias ao som do *fou*, antigo instrumento de percussão, e dentre outras belas apresentações coordenadas com as luzes emitidas pelas batidas no *fou*, foi realizada uma original contagem regressiva com os próprios instrumentos e suas luzes.

No final do segmento artístico emergiu do centro do estádio um globo estilizado com nove círculos, sobre os quais caminhavam 58 atores, como se estivessem atraídos pela força da gravidade.

Coube a um famoso atleta chinês, Li Ning, ginasta que ganhou três medalhas de ouro na Olimpíada de 1984 (a primeira do país desde 1952), a honra do momento mais aguardado nas cerimônias de abertura, o acendimento da pira. Li Ning chegou à pira, que estava no alto do estádio, suspenso por cabos e simbolicamente correu pela borda da cobertura acompanhado por projeções que mostravam um pouco do percurso de 140 mil quilômetros percorridos pela tocha até o acendimento final. Na edição das imagens, obviamente, foram omitidas as manifestações de protestos ocorridas em Londres, Paris e San Francisco.

Foi uma festa doméstica, ao contrário da participação de astros estrangeiros de outras aberturas, a cantora britânica Sarah Brightman só apareceu uma hora depois de iniciado o espetáculo e cantou em chinês.

A trilha sonora do desfile das delegações foi realizada por cinco orquestras dos cinco continentes. A entrada dos 204 países inscritos foi feita em ordem alfabética de acordo com o idioma Chinês, exceto a Grécia que pelo protocolo é sempre a primeira a desfilar e o país anfitrião que é sempre o último. Assim, quando a China iniciou o desfile o majestoso estádio encravado no Parque Olímpico da capital chinesa tremeu. A China desfilou tendo como porta bandeira o astro do basquete Yao Ming e foi acompanhado de Lin Hao, garotinho de 9 anos sobrevivente e herói do terremoto que matou 70 mil pessoas na cidade de Sishuan, 4 meses antes da abertura.

O juramento do atleta recebeu uma pequena alteração, foi colocada uma menção a não utilização de drogas. Durante as apresentações os 15.000 participantes utilizaram pontos no ouvido visando a organização e execução perfeita do que foi planejado.

Do ponto de vista histórico, a China fez juz ao seu legado. Foi na China que se encontraram os primeiros registros históricos sobre rituais e protocolos. É do século XII a.C. a primeira compilação sobre cerimoniais, a mesma foi registrada pelo chinês Chou Kung. O veio histórico da tradição do protocolo e cerimonial na vida e educação do povo chinês foi expresso de maneira indelével na histórica abertura dos jogos de Pequim.

Sequência adotada na cerimônia de abertura de Pequim 2008:

- Apresentação do presidente do COI e da CHINA
- Fogos
- Instrumentos de percussão (fou)
- Contagem regressiva
- Música típica
- Entrada da bandeira Chinesa
- Hasteamento da bandeira e hino Chinês
- Segmento artístico com:
  - Papel, aquarela, discípulos de Confúcio, tipografia, ópera de Pequim, guerreiros de Chian, rota da seda, rota marítima, a bússola, aquarelas famosas, óperas, pilastras da cidade proibida, pianista, tai chi chuan, aula infantil, evoluções, astronautas, globo estilizado, música popular, fotos de crianças do mundo e mais fogos
- Desfile das delegações
- Entrada do presidente do comitê organizador e do presidente do COI ao centro do estádio para a parte protocolar do evento
- Discurso do presidente do comitê organizador
- Discurso do presidente do COI
- Declaração de abertura dos jogos pelo presidente da república popular da CHINA
- Entrada da bandeira olímpica
- Hasteamento da bandeira olímpica
- Juramento do atleta
- Juramento do árbitro
- Segmento artístico simbólico referente à paz
- Entrada da tocha
- Acendimento da PIRA OLÍMPICA
- A maior queima de fogos da história olímpica

Algumas manchetes um dia após a abertura:

China abre jogos com festa monumental - Folha de S. Paulo
A China se reinventa com uma cerimônia de abertura que revela disci-

plina, poder e riqueza - Veja.
Com uma abertura estonteante, a China conta sua história e o renascimento do país - Jornal da Tarde.
China faz uma festa grandiosa - O Estado de S. Paulo.
A China é show - Jornal do Brasil.

Alguns números da abertura de Pequim:

- Custo aproximado da cerimônia: US$ 100 milhões.
- Na tribuna de honra 104 representantes de países participantes.
- A cerimônia foi assistida por aproximadamente 4 bilhões de terráqueos.
- O evento bateu o recorde de países participantes: 204
- Foram 7 anos de preparação da mais longa cerimônia de abertura: 4 horas.
- Participantes das coreografias: 15.000 pessoas.
- Público presente: 91.000 pessoas.
- Fogos de artifícios: 30.000 (Show pirotécnico produzido no computador).
- Tamanho do pergaminho que serviu como tela de projeção: 22 x 147 metros.
- 56 crianças representaram cada uma das etnias que formam a população chinesa.
- 2008 fotos de rostos de crianças foram exibidas na parte final da abertura.
- 2008 músicos tocaram o *fou*, antigo instrumento de percussão chinês.

Apesar do porte do evento e do impacto da abertura, a mesma recebeu duas críticas pontuais, a primeira foi o fato de que a menina que encantou o público cantando *Ode à Pátria*, a graciosa Lin Miaoke, estava apenas dublando. A verdadeira dona da voz era Yang Peiyi, que permaneceu nos bastidores por não ficar tão bem na câmera quanto Lin Miaoke. Outra reclamação foi pela pré edição dos fogos em forma de pegada que deu a ideia de ser ao vivo e depois a organização confirmou que foi uma montagem preparada com antecedência.

Em resumo, nota 10. Apesar de longo, foi um espetáculo impressionante e sem falhas que pudessem macular o espetáculo. Com tudo ensaiado a exaustão o resultado foi irrepreensível. Havia ainda um vento canalizado no mastro das bandeiras para dar um efeito visual ao manter as bandeiras tremulando após o hasteamento. Até mesmo a previsão de chuva não se confirmou e nenhuma gota caiu para atrapalhar a abertura que entrou para a história como uma das mais belas e exuberantes da narrativa olímpica. Foi um grande resumo de 5.000 anos de história e sabedoria.

Curiosidade: Na cerimônia de abertura de Pequim 2008, o desfile de abertura seguiu a ordem alfabética chinesa, assim, o Brasil foi 39º a desfilar, diferente dos Jogos de Atenas quando foi o 31º. Tradicionalmente, a terceira delegação a entrar no estádio, quando se usa o idioma inglês, é a Austrália. Entretanto, com 15 traços em seu ideograma (mandarim), o país foi o 203º a exibir seus atletas e bandeira na festa de abertura.

OLIMPÍADAS DE INVERNO
VANCOUVER – CANADÁ
– 13.02.10 Abertura Oficial

Distinto da Olimpíada de Pequim, com milhares de pessoas participando da Cerimônia de Abertura no gigantesco Ninho de Pássaro, Vancouver 2010 optou por dar destaque aos alegres jogos de luzes no branco que predominava no centro do British Columbia (BC Place Stadium), levando os 55 mil presentes ao delírio com uma incrível *abertura high tech*.

Sequência adotada na cerimônia de abertura de Vancouver 2010:

- Contagem regressiva feita pelo próprio público com placas iluminadas que agitou o BC Place.
- Projeção em um telão de imagens de Vancouver, dando a ideia de uma carona em um avião, até mostrar o pico de uma das montanhas tomadas pelo branco da neve, onde se encontrava um

solitário *snowboarder*. O destemido atleta desceu toda a montanha, fazendo grandes manobras até cair no próprio BC Place, surgindo de uma espécie de palco e chegando, após um salto espetacular, no centro do ginásio. *Bem-vindos aos Jogos Olímpicos de Inverno 2010*, disse o atleta, para delírio do público.

- Entrada da Governadora geral do Canadá e do presidente do COI.
- Entrada da Bandeira do Canadá com a Guarda Real do Canadá.
- Hasteamento da Bandeira do Canadá e interpretação do Hino Nacional do Canadá, por uma cantora revelação de 16 anos. O vento artificial que saiu do mastro confirma a tendência de fazer a bandeira tremular a qualquer custo.
- Segmento artístico com um tributo aos inúmeros povos indígenas do Canadá.
- Desfile das 82 delegações. A Grécia (Pátria dos Jogos Olímpicos) iniciou o desfile, os representantes dos demais países seguiram a ordem alfabética e o Canadá (anfitrião) encerrou este segmento, tudo de acordo com o tradicionalíssimo protocolo olímpico. Todas as delegações ocuparam um local específico para elas na arquibancada do estádio.
- Segmento artístico: Com Nelly Furtado e Bryan Adams cantores canadenses.
- Início do segmento cultural. Ao todo foram seis atos, sempre com muita neve artificial e chuva de *maple*, folha canadense que simboliza o país e aparece na bandeira da nação. É importante ressaltar o último ato da peça teatral. Um tecido foi suspenso no centro do ginásio, simbolizando uma montanha de gelo. Do alto da elevação e pendurados com cabos de aço, desceram alguns *snowboarders*, eles representavam, dentro do contexto, características típicas do Canadá: a geografia, a cultura e o esporte de neve. Após a radical descida dos atletas, o tecido se transformou em um telão, que mostrou algumas imagens das outras 20 edições dos Jogos Olímpicos de Inverno.
- Retorno ao protocolo formal após uma fase apoteótica.
- Discurso do presidente do COI, Jacques Rogge, que começa sua fala lembrando da morte do atleta georgiano. *Antes de darmos as boas-vindas temos um dever a cumprir. É com grande tristeza que*

damos conta da trágica perda do atleta georgiano que faleceu esta manhã no luge. Estendemos nossas simpatias à família, amigos e compatriotas. Em seguida John Furlong, presidente do Comitê Organizador de Vancouver (Vanoc, em inglês), fez o seu discurso dando boas-vindas aos fãs dos esportes da neve. A palavra volta ao presidente do COI, Jacques Rogge, que após os agradecimentos de praxe convida a Governadora Geral do Canadá, Michaëlle Jean, para proclamar a abertura da 21ª edição dos Jogos Olímpicos de Inverno.

- Entrada da Bandeira olímpica que foi conduzida por personalidades canadenses de grande destaque no mundo esportivo.
- Hasteamento da bandeira olímpica e canto do hino olímpico. O Hino foi cantado em Grego conforme determina o protocolo olímpico. Em seguida foi respeitado um minuto de silêncio pela tragédia com o atleta georgiano.
- Juramento do Atleta realizado pela atleta de *hockey*, Hayley Wickenheiser.
- Juramento do Árbitro feito por Michel Verrault do *Speed Skate*.
- Entrada do fogo simbólico. Com muita neve artificial, a tradicional e esperada chama olímpica entrou no ginásio conduzida por uma paraatleta cadeirante. O astro da NBA Steve Nash, o ex-jogador de hóquei Wayne Gretski e Nance Greene (esquiadora) surpreenderam e, juntos, acenderam a tocha olímpica. Antes da triunfal entrada no BC a tocha havia percorrido 45 mil quilômetros e passado pelas mãos de 12 mil atletas (nesta extensa lista consta Cesar Cielo e Oscar Schmidt). O fato negativo foi que uma das hastes que formavam a pira olímpica não emergiu do solo. Assim, a chama foi acesa somente com as três colunas que se ergueram. A patinadora Catriona Le May Doan também estava entre as que acenderiam a tocha, mas um problema na organização obrigou a atleta a ficar de fora.
- *Show* pirotécnico. Uma bonita queima de fogos encerrou a cerimônia de abertura.

> **Curiosidade:** No mesmo dia da Cerimônia de Abertura dos Jogos Olímpicos de Inverno (Vancouver 2010), ocorreu a morte de um atleta da Georgia (Nodar Kumaritashvili) durante os treinos de *LUGE*. A equipe da Georgia entrou de luto no desfile de abertura e todo o estádio ficou em pé, simbolizando o apoio e a solidariedade de todos. Os sete companheiros de Kumaritashvili desfilaram com luvas negras e uma bandeira da mesma cor, em sinal de luto, pura emoção. As bandeiras do COI e do Canadá foram colocadas a meio-mastro e os presentes fizeram um minuto de silêncio.

CERIMÔNIA DE ABERTURA DA
19ª COPA DO MUNDO DE FUTEBOL
– África do Sul – 2010 (Véspera do 1º jogo)

A cerimônia de abertura da África do Sul começou na véspera do primeiro grande jogo no Soccer City. A abertura festiva ocorreu no legendário bairro de Soweto, lugar onde Nelson Mandela (Madiba) nasceu. Foram mais de três horas de show, homenagens, mensagens e afins. Foi utilizado como palco o Orlando Stadium e o público pode mostrar a alegria contagiante do festivo povo sul africano. O show esteve repleto de astros da música internacional.

O evento começou com um discurso de duas autoridades, as falas iniciais obedeceram ao protocolo, primeiro falou o presidente da FIFA Josefh Blatter e, em seguida, o Presidente Sul Africano Jacob Zuma.

Durante o show, houve tempo para uma emocionante e bem humorada fala do arcebispo Desmond Tutu (Prêmio Nobel da paz em 1984) e vários vídeos foram mostrados, inclusive um estrelado por Pelé que trazia a mensagem: *Educação para todos é um gol*, lembrando que *goal* em inglês também significa "objetivo". Além disso, esteve presente a banda *Black Eyed Peas*, uma dupla de cegos do Mali *Amadou & Mariam,* o colombiano Juanes com seus ritmos latinos, a americana Alicia Keys com seu rhytm'blues, dentre outros nomes. Por fim (gran finale), a colombiana Shakira fecha com chave de ouro o show de abertura que marcou indelevelmente o histórico distrito de Soweto e seu sofrido povo.

JOHANNESBURGO – ÁFRICA DO SUL – 11.06.10
– Soccer City: 95.000 pessoas (dia do 1º jogo)

Na manhã do dia 11, às 10h00, começaram os ensaios para a entrada das bandeiras da FIFA, da Copa e das seleções que fariam o primeiro jogo: África do Sul & México.

Às 11h00 começaram a montar o revestimento para proteção do gramado. A cobertura foi feita com um tecido especial e armada por módulos. Terminada a instalação o gramado se transformou em grande palco com *lay out* análogo ao do Soccer City que faz uma alusão à um tipo de cerâmica muito tradicional na África do Sul.

Às 12h00 foi montado um palco no centro do gramado e organizado em volta do campo todos os materiais que seriam usados na abertura, as pessoas responsáveis pelas montagens e desmontagens já ficaram em suas respectivas posições.

Às 12h30, portanto, uma hora e trinta minutos antes do horário oficial da abertura já estava tudo pronto.

Às 14h00 o Soccer City foi surpreendido por um primeiro voo rasante da força aérea Sul Africana para júbilo e delírio do público, os vôos rasantes sobre o Soccer City se repetiram algumas vezes em todas as direções para que todos pudessem ver os aviões dos mais diversos lugares em que estavam sentados.

Às 14h10 o locutor dá início ao cerimonial que teve o áudio seriamente prejudicado pelo barulho ensandecido e ensurdecedor das vuvuzelas que só deram trégua na execução dos hinos nacionais. Foi um evento convencional e sem grandes surpresas.

O tema da cerimônia de abertura foi: **Recebendo o mundo em casa.** Pelo que representava foi um evento bastante simples, ao contrário da grande expectativa gerada pela mídia internacional e pelo próprio histórico da África, em especial, a África do Sul com a indefectível figura de Mandela pairando sobre todos Sul Africanos, ao lado da bela vitória da liberdade sobre o regime do *Apartheid*.

Sequência básica:

* Boas-vindas e a promessa "Com a inauguração da Copa na África do Sul, hoje reescrevemos a história"

- Apresentação das autoridades
- Apresentação de danças típicas africanas
- Apresentação das sedes do mundial no telão
- Destaque para um besouro gigante e para uma réplica enorme da jabulani (bola da copa). O besouro representa o papel central da agricultura no país e também a determinação e resiliência do povo sul africano
- Montagem de uma miniatura do estádio Soccer City no centro do gramado. As demais sedes foram apresentadas no telão
- Mapa do continente africano montado por centenas de figurantes e a colocação de "pés" simbolizando a origem do homem na face da terra
- Mapa mundi acrescido ao mapa do continente africano
- Músicas com o americano R. Kelly e o argelino Khaled. Eles se revezaram com artistas locais, entre eles o grupo Soweto Spiritual Singers e o trompetista Hugh Masekela
- Breve mensagem de Nelson Mandela no telão
- Desfile de todas as 208 bandeiras dos países filiados a FIFA sendo:
  - 176 países não classificados e filiados a FIFA
  - 32 países classificados para a 19º Copa do Mundo de Futebol
- As bandeiras dos países do continente que participaram do evento (Costa do Marfim, Gana, Camarões, Nigéria e Argélia, além dos donos da casa) foram especialmente retratadas, sendo colocadas em uma árvore central, enquanto todas as nações participantes eram apresentadas
- Painel humano com 370 estudantes mostrando o nome dos 32 países classificados
- Coreografia que culminou com os dançarinos formando uma grande logomarca da 19ª Copa do Mundo da FIFA
- Voos rasantes da esquadrilha da fumaça
- Fala de Josefh Blatter que anunciou o presidente Sul Africano Jacob Zuma que teve a honra de fazer a abertura oficial, durante o discurso os gigantescos telões avisavam QUIET PLEASE. O público obedeceu!
- Um pouco de fogos *indoor* e estava encerrada a cerimônia 50 minutos após seu início. Uma hora depois, com o gramado 100%

preparado iniciou-se a primeira partida da Copa do Mundo da África do Sul com um placar bem simpático para todo mundo: África do Sul 1 x 1 México

Curiosidade: A abertura não teve a presença de Nelson Mandela (Ele apareceu apenas nos telões). Mandela mandou a seguinte mensagem: "A generosidade do espírito humano pode superar todas as adversidades". O motivo da ausência foi um atropelamento que causou a morte de sua bisneta, Zenani Mandela, na madrugada do dia da abertura. A cerimônia de encerramento contou com uma rápida aparição em campo de Nelson Mandela.

COMITÊ DE CERIMÔNIAS E PREMIAÇÃO

Este comitê é o responsável pelos congressos, cerimônia de abertura, cerimônia de encerramento e cerimônias de premiação. O comitê organizador poderá prever ainda uma comissão ou comitê denominado *Cerimonial e Protocolo* e atribuir ao mesmo a responsabilidade de todas as cerimônias, incluindo a de premiação.

O comitê de cerimônias coordenará os eventos protocolares procurando sempre dar vida ao conceito de alegria, tradição e significados inerentes aos eventos esportivos. Recomenda-se a formação de sub-comitês para as cerimônias de abertura, encerramento e outras específicas ou especiais que constem da programação.

O comitê deve se preparar antecipadamente para o evento desenvolvendo as seguintes atividades:

- Planejar, organizar e supervisionar todas as cerimônias previstas no planejamento mestre.
- Definir o número de participantes nas cerimônias de abertura e encerramento.
- Confeccionar e dar publicidade das normas adotadas para o evento.
- Conhecer e ter acesso aos VIPs da região e demais personalidades ligadas a modalidade em disputa.
- Conhecer e cadastrar as autoridades locais.
- Ter acesso ao pessoal da imprensa inclusive colunistas sociais.
- Orientar o mestre de cerimônias para citar nos intervalos e no término das solenidades os nomes das instituições envolvidas no evento.
- Preparar locutores para a chamada das provas, apresentações e interação com o público.
- Preparação detalhada das listas de convidados para as diversas cerimônias.
- Sistema de acompanhamento dos convites.
- Os integrantes precisam ter disponibilidade durante todo o período de disputas. Estar *full time*.
- Montar equipe para acompanhar as autoridades nos locais de disputas.
- Propor e organizar premiações e eventos extraoficiais, bem como homenagens, doações etc.
- Ter uma relação das instituições beneficentes conceituadas da cidade e região.
- Organizar visitas de atletas as instituições beneficentes.
- Colaborar na montagem do release das cerimônias e coletivas de imprensa.

- Organizar as sessões de autógrafos em escolas, shoppings e afins.
- Organizar e apoiar os jantares comemorativos.
- Propor o nome de personalidades para a entrega dos prêmios nas respectivas cerimônias.
- Encaminhar a premiação e demais materiais para os locais específicos.
- Estar preparado para premiações extraoficiais.
- Organizar o quadro de medalhas e quadro de classificação geral de pontos por equipes.
- Outras.

Cerimônia de premiação

A Cerimônia de Premiação é muitas vezes tão emocionante como a disputa da modalidade. A tradicional entrega das medalhas de ouro, prata e bronze nem sempre ocorreram como hoje em dia. Nos Jogos de 1896, em Atenas (Início das Olimpíadas da Era Moderna) não havia a medalha de ouro. Ao primeiro colocado era dada uma medalha de prata e uma coroa de louros; ao segundo colocado cabia uma medalha de bronze e uma coroa de louros. Já o terceiro colocado voltava para casa sem medalhas e sem a coroa de louros, de mãos vazias. Em 1908, nos Jogos de Londres, pela primeira vez foi realizada a cerimônia com a entrega das medalhas de ouro, prata e bronze. Este modelo é seguido até hoje.

A cerimônia de premiação é um dos momentos mais significativos de um evento esportivo. Deve-se utilizar este momento para enaltecer o feito dos atletas e, sendo oportuno, agradecer o apoio de todos que ajudaram na realização da prova e na premiação.

Comitê de premiação

Nos eventos esportivos de médio e grande porte é recomendado criar um comitê específico para gerenciar todas as atividades de premiação. Assim, o conceito de premiação, com sua formalidade e importância, será amplamente divulgado e compreendido por todos com a eficiência e eficácia que um grupo especializado pode oferecer ao evento.

Atribuições:

Obtenção e distribuição de todos os prêmios, medalhas, troféus, mimos e afins, previstos pelo comitê organizador.

Planejar, realizar e avaliar todas as cerimônias de premiação do evento.

Montar um *check list* específico para a cerimônia e conferir de maneira criteriosa todos os itens. Pensar especificamente na utilidade de cada um, na riqueza e planejamento dos detalhes, desta forma é criado o *climax* para uma inesquecível cerimônia de premiação.

Neste livro, utilize-se do capítulo **Check list completo para cerimônias** e monte um *check list* específico para suas necessidades.

Observações importantes:

Um bom planejamento e um ensaio efetivo da cerimônia com o máximo de participantes que estarão no dia "D" resolvem 99% dos problemas. Pense nisso com carinho.

Lembre que, do apito final até o início da premiação, deve ocorrer um menor intervalo possível. Lembre ainda que é o resultado na hora do apito final que decide quem vai para o pódio e quais as bandeiras que serão hasteadas e não o favoritismo deste ou daquele concorrente. Desta forma, tenha os hinos e bandeiras de todos os envolvidos, inclusive das possíveis "zebras". Tenha cópias de hinos, músicas, bandeiras e outros objetos fundamentais para casos de perda ou extravio.

Os hinos editados para a premiação devem seguir a lógica internacional de brevidade. Utiliza-se um tempo de 15 a 30 segundos por hino na premiação. Em alguns eventos internacionais os organizadores padronizam o tempo de um minuto para os Hinos Nacionais utilizados no início das contendas.

Verifique a estrutura do pódio, em especial, pódios que receberão atletas pesados e/ou equipes completas. Não há espaço para inconsequência quando se trata de segurança.

Em algumas competições internacionais, a equipe de premiação chega a ser composta por até 100 pessoas. Após o apito final deve-se ter uma equipe para "caçar" os premiados e outra para "caçar" as autoridades que participarão da cerimônia de premiação.

Escurecer as quadras (ou o ambiente) para estimular a saída dos repórteres, tietes, familiares e, assim, acelerar o tempo para início da premiação é uma hipótese a ser analisada com carinho.

Outra boa alternativa é pensar em algumas apresentações artísticas, após o jogo final, como entretenimento até o momento da premiação. Durante as apresentações artísticas os atletas poderão trocar de roupa e os organizadores poderão ajustar os detalhes da premiação final. Esta alternativa costuma ser bastante efetiva.

Tenha um local específico e seguro para guardar as medalhas, louros, ramos de flores, bandejas, roupas das meninas, etc.

PÓDIO

Os gregos inventaram os Jogos Olímpicos; os alemães o revezamento do fogo simbólico e os americanos foram os inventores da cerimônia de recebimento de medalhas no pódio com o hasteamento das bandeiras dos três primeiros colocados e a execução do hino nacional do vencedor.

O pódio é cada vez mais popular e valorizado pela televisão e marketing explícito nas competições esportivas. Além disso, é o marco da celebração de mais um momento emocionante. É ainda, mais uma oportunidade para mostrar a competência da organização e as parcerias do evento (*back-drop*). É uma chance de ouro para envolver algumas personalidades presentes pedindo para que ajudem na entrega dos prêmios e envolvendo-as nas comemorações de um momento ímpar na vida de um atleta: o decantado louro da vitória.

A ordem ou precedência em que os atletas (competições individuais) ou equipes são dispostos no pódio é a mesma do protocolo das bandeiras e da mesa diretiva, também é a mesma que adotam na coletiva de imprensa. É um padrão internacional, fácil de ser verificado em qualquer evento de qualidade, de qualquer segmento. O primeiro lugar ao centro e o terceiro colocado cedendo o seu lado direito ao segundo lugar (do ponto de vista dos atletas laureados). Esse posicionamento pode ser facilmente verificado nas entrevistas protocolares que ocorrem com os pilotos classificados nas três primeiras posições, logo após o término das corridas de Fórmula 1.

Na hora da premiação o atleta campeão (ou equipe) perfila-se atrás do pódio e os demais do lado esquerdo e direito, de acordo com a classificação. Assim postados, aguardam a chamada nominal do mestre de cerimônias para então subir no local reservado no pódio.

A chamada dos atletas ao pódio é feita do terceiro colocado para o primeiro, pois a ideia é justamente valorizar o primeiro colocado e causar expectativa antes de informar oficialmente o nome do vencedor e, desta maneira, destacar também o terceiro e segundo colocados. O melhor é esperar a subida de todos laureados no pódio e só então iniciar a entrega dos prêmios. A ideia é valorizar ao máximo possível este momento especial.

A Fórmula 1 tem como tradição premiar primeiro o campeão da prova e em seguida o segundo e depois o terceiro, recomenda-se justamente o contrário, ou seja, que se comece pelo terceiro colocado. Ainda na F-1, é tocado primeiro o Hino do piloto vencedor e, em seguida, o Hino do país sede da equipe vencedora. Aí sim! O protocolo é correto.

É recomendável que se entregue primeiramente as medalhas e/ou troféus e em seguida as flores e prêmios afins. No caso de premiação para equipes, é melhor que sejam entregues primeiro os prêmios de destaques individuais (artilheiro, melhor jogador, troféu *fair play*, cestinha, etc.) e logo após as medalhas de bronze, prata e ouro para as equipes campeãs. Na liga mundial de vôlei se faz o contrário, possivelmente, para criar um clima sobre as escolhas individuais e atender a televisão. Vale insistir neste ponto, pensando em precedência e usando o exemplo olímpico como referência, comece com a premiação de menor prioridade e vá até o prêmio maior.

A equipe de premiação deve organizar os atletas laureados, as autoridades, que farão a entrega dos prêmios, e a equipe de apoio com as bandejas, medalhas e outros prêmios. De prontidão, e, em sintonia com a locução da premiação, deve ficar a equipe responsável pelo hasteamento das bandeiras dos países dos respectivos atletas premiados. Assim, logo após a entrega das medalhas a equipe do hasteamento entra em ação. A coordenação da premiação deve providenciar com antecedência os hinos ou músicas que serão tocados durante a premiação ou hasteamento.

Também deve ser estudada a possibilidade de fazer uma entrega conjunta para homens e mulheres. A corrida de São Silvestre, realizada no último dia do ano em São Paulo, fornece um excelente exemplo dessa possibilidade ao premiar conjuntamente os cinco melhores de ambas as categorias.

Considere ainda, a possibilidade de usar a coroa de louros. Alguns atletas, desconhecendo o valor histórico e tradicional de tal ato, não apreciam muito a coroa. Desse modo, vale lembrar que a coroa de louros representava a vitória na Grécia e Roma antigas. Entre os romanos, quando um comandante ganhava uma batalha, enviava para o Senado um pergaminho envolto em folhas de louro, informando a vitória ocorrida. Na Grécia antiga os atletas não recebiam medalhas e sim a coroa de louros. Atualmente em Atenas, quando se usa tal honraria como símbolo de distinção e glória, a coroa é feita de ramos de oliveira, árvore símbolo e protetora da cidade.

O pódio, como parte integrante de um evento esportivo, ainda é pouco explorado do ponto de vista da criatividade. Recentemente a ginástica artística, com muita criatividade, inovou ao criar a ideia de não divulgar antecipadamente o nome da campeã, ou seja, as duas melhores da prova se dirigiam para o pódio e aguardavam a subida mecânica do mesmo, a campeã era apresentada ao público pela altura que o pódio atingia e parava. Deste modo, a atleta que estava no pódio mais alto era aclamada campeã.

Já no hipismo, a tradição manda que o cavaleiro vá receber o prêmio montado em seu cavalo. Ao chegar próximo ao local da premiação, o cavaleiro desmonta e segue até o pódio para receber suas honrarias. Enquanto ocorre a cerimônia o cavalo permanece o tempo todo próximo ao local.

Outra possibilidade a ser analisada é incluir na premiação a *cerimônia das flores*, ou seja, logo após a competição os atletas vencedores se dirigem a um pódio específico e no local recebem algumas flores pelas conquistas. A premiação oficial ocorrerá só depois de algumas horas em local festivo e adequadamente preparado para uma premiação exclusiva ou várias premiações relativas ao dia de competição.

Por se tratar de um momento tradicional, recomenda-se um traje elegante. Na maioria das vezes um bonito agasalho desportivo resolve o problema. Como a premiação, em geral, é feita logo após o jogo final, recomenda-se um pequeno intervalo para o atleta fazer uma rápida higiene, trocar de roupa e voltar pronto para a cerimônia, foto, televisão e, quiçá, para a história.

Curiosidade: Tenha muita atenção ao entregar prêmios que possuem a categoria escrita. Entregar o prêmio com a categoria errada é muito comum nos eventos, bem como, é um equívoco fácil de ser evitado. Em Pequim, César Cielo conquistou a primeira medalha de ouro da história da natação brasileira, entretanto, os organizadores se equivocaram e entregaram a ele uma medalha escrita "50 m livre feminino". Após o pódio, hino e fotos, os organizadores foram informados do equívoco e corrigiram a falha rapidamente.

Segue quadro com a posição correta dos pódios para o momento da premiação.

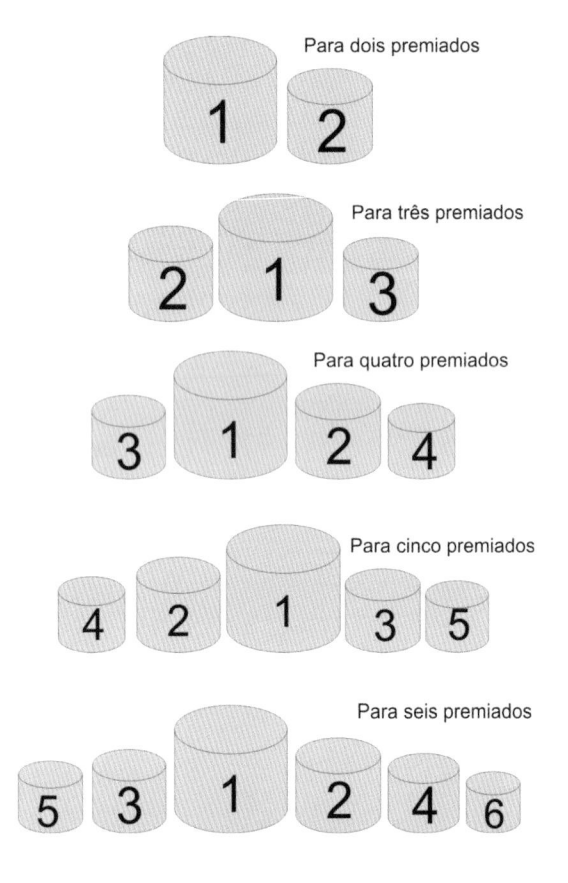

Para dois premiados

Para três premiados

Para quatro premiados

Para cinco premiados

Para seis premiados

CERIMÔNIA DE ENCERRAMENTO
Closing ceremony

A cerimônia de encerramento não possui o *glamour* da abertura, e ainda, muitas vezes é vinculada à cerimônia de premiação dos eventos esportivos. O ideal é separar a cerimônia de premiação da cerimônia de encerramento. É claro que se deve pensar nas variáveis: objetivo, dinheiro, retorno, interesse, perfil do evento, entre outros.

É na cerimônia de encerramento que se entregam as últimas premiações da competição e se destacam os principais atletas nas diversas categorias previstas pelo regulamento. É um momento ímpar para agradecer as instituições e entidades que apoiaram o evento, bem como, dar um destaque especial aos voluntários que, tradicionalmente, participam de maneira decisiva e motivada na organização da maioria dos eventos.

Sequência básica da Cerimônia de Encerramento:

*   Entrada dos atletas presentes
*   Premiação dos *destaques*
*   Premiação final
*   Homenagens aos parceiros do evento
*   Arriamento das Bandeiras
*   Passagem da bandeira, flâmula ou símbolo do evento aos organizadores da próxima edição
*   Saudação e agradecimento
*   Extinção do fogo simbólico
*   Retirada dos atletas
*   Apresentações artísticas e confraternização

CERIMÔNIA DE ENCERRAMENTO DOS JOGOS PAN-AMERICANOS
– Rio de Janeiro 29.07.07

Sob chuva fraca realizou-se a cerimônia de encerramento do Pan-2007. O programa começou com uma bonita homenagem às vítimas do vôo TAM 3054. Os bombeiros que participaram do resgate em São Paulo conduziram a Bandeira do Brasil até o mastro e realizaram o hasteamento da mesma ao som do Hino Nacional Brasileiro.

Sequência básica:
*   Contagem regressiva
*   Entrada da Bandeira Nacional e Hasteamento
*   Desfile dos porta-bandeiras dos 42 países
*   Entrada misturada dos atletas

- Bandeiras enormes estendidas sobre o público
- Apresentação de um vídeo com os melhores momentos do Pan-2007
- Premiação da Maratona do Pan
- Discurso do presidente do CO-RIO e ODEPA
- Arriamento das Bandeiras do COI e ODEPA
- Passagem oficial da Bandeira do Pan ao prefeito de Guadalajara (México)
- Hasteamento da Bandeira Mexicana e Hino Nacional Mexicano
- Apresentações artísticas mexicanas
- Saudações aos voluntários
- Números musicais
- Extinção do fogo simbólico
- Apresentação de diversos DJs
- Show pirotécnico

CERIMÔNIA DE ENCERRAMENTO DOS JOGOS OLÍMPICOS DE PEQUIM
– 24.08.08

Sequência básica:
- Contagem regressiva que começou com o numeral 29, ou seja, uma referência as edições de todos os Jogos Olímpicos contando inclusive as que não ocorreram por causa das guerras. (Edições de 1916, 1940 e 1944). Em Pequim foi celebrada a 26ª edição contando a partir da versão organizada em 1896 na Grécia.
- Hasteamento da Bandeira Chinesa e execução do Hino Nacional Chinês. A bandeira da China cedeu o lado direito para a bandeira do COI que já se encontrava hasteada e que tem a precedência por ser considerada a maior representante no *território olímpico* durante os jogos.
- Evolução com tambores colocados no centro do Ninho do Pássaro.
- 1.148 dançarinos com evoluções variadas se juntaram aos artistas dos tambores.
- Desceram do alto dois tambores gigantes que ampliaram a be-

leza da cerimônia.

- Entrada de carros alegóricos representando as minorias chinesas.
- Entrada de 60 rodas grandes e iluminadas representando as bicicletas da China.
- Participação de 200 acrobatas e saltadores com próteses nas pernas, instrumentos para fazê-los saltar.
- Entrada das 204 bandeiras dos países participantes. O início do desfile coube a Bandeira da Grécia, e, em seguida, por ordem alfabética, as bandeiras dos demais países encerrando com a bandeira chinesa. As bandeiras foram conduzidas por atletas de destaque nos Jogos de Pequim e escolhidos por seus respectivos países, foram acompanhados por um militar com roupa esportiva branca e executando uma discreta marcha. As bandeiras se dirigiram ao centro do dispositivo e ficaram dispostas em volta do palco montado para o cerimonial. O fato de a bandeira ser conduzida apenas por um atleta tornou o desfile ágil e bem mais curto que o da abertura.
- Premiação da maratona masculina (Cerimônia da Vitória) com o Hasteamento da bandeira nacional do Quênia e canto do hino nacional Queniano, prerrogativa do país que ganhou a maratona masculina. A honra da medalha coube ao atleta queniano Samuel Wansiru.
- Desfile dos voluntários que foram extremamente elogiados pela simpatia.
- Entrada de alguns atletas de destaque no mundo olímpico para presentear alguns voluntários com flores.
- Execução do Hino Nacional da Grécia, prerrogativa do país que é considerado a pátria dos Jogos Olímpicos.
- Entrada dos presidentes do COI e do Comitê Organizador.
- Discurso do presidente do comitê organizador.
- Discurso e declaração de encerramento do presidente do Comitê Olímpico Internacional Jacques Rogge.
- Execução do Hino Nacional Britânico e hasteamento da Bandeira da Grã Bretanha tendo em vista a realização dos Jogos Olímpicos de 2012 na cidade de Londres.
- Arriamento da Bandeira Olímpica (Fim dos Jogos de Pequim) ao som do hino olímpico que foi cantado em grego (conforme

tradição) por um coral de 226 crianças.

- Ritual de passagem da Bandeira Olímpica (Conhecido por passagem de Antuérpia, cidade que deu origem a este momento). Os prefeitos de Pequim e de Londres se posicionam no palco e o prefeito de Pequim entrega a bandeira dos jogos olímpicos para o presidente do COI que a repassa para o prefeito de Londres simbolizando a responsabilidade de organizar a próxima edição dos jogos e, principalmente, a continuidade do movimento olímpico que tem seu ápice nos Jogos Olímpicos de Verão. Em Londres, o Brasil recebe a Bandeira dando continuidade ao ciclo.
- As bandeiras e autoridades deixam o palco.
- Seguimento britânico de aproximadamente 8 minutos com a entrada de um tradicional ônibus de dois andares e de bicicletas conduzindo atletas olímpicos vestidos informalmente simbolizando um passeio pelas ruas de Londres. O ônibus se transformou em um palco e apareceram para o público a cantora Leona Lewis, o roqueiro Jimmy Page e o atleta David Beckham.
- Extinção do fogo simbólico com três atletas simbolizando a subida em uma escada de avião (partida) que abrem um pergaminho e fitam a tocha olímpica que lentamente vai se apagando.
- Apresentação da torre da memória com inúmeras coreografias e efeitos visuais.
- Fogos, muitos fogos.
- Música pop chinesa.
- Apresentação do tenor Plácido Domingo com a soprano chinesa Song Zuying.
- Apresentação musical do ator Jackie Chan acompanhado por Andy Lau.
- Fogos, muitos fogos.

Algumas marcas foram paradigmáticas no encerramento, por exemplo, a interação do público com lanternas vermelhas, muitos fogos, show intenso de luzes, muita tecnologia mesclada com tradição, som ao vivo produzido por uma banda de mulheres percursionistas e a participação de muitas crianças. Assim, pode-se afirmar que o encerramento foi impecável, não teve grandes surpresas nem o *glamour* da abertura, no entanto, cumpriu seus objetivos: confraternização, alegria, mistura dos povos e envolvimento dos participantes, em suma, uma exemplar Cerimônia de Encerramento.

"Foi uma longa jornada, mas fizemos a escolha certa. O mundo aprendeu sobre a China, e a China aprendeu sobre o mundo" Jacques Rogge (Presidente do Comitê Olímpico Internacional).

CERIMÔNIA DE ENCERRAMENTO DA COPA DO MUNDO DA ÁFRICA DO SUL - 2010

Bem mais simples que a cerimônia de abertura, ocorrida um mês antes, e com apenas 30 minutos de duração a Cerimônia de Encerramento teve como ponto alto a presença de Nelson Mandela e da cantora Shakira que cantou o *hit Waca Waca.*

Voos rasantes anunciaram o início de meia hora de efeitos visuais no telão horizontal do gramado com algumas músicas e coreografias. A primeira imagem foi uma rápida apologia a vuvuzela (discutível orgulho sul-africano).

Em seguida, descalça, a colombiana Shakira abriu os shows com o hino da copa: Waka Waka - versão da Zangalewa (canção africana tradicional) com acompanhamento da Freshlyground, banda da África do Sul. Discurso de encerramento: Joseph Blatter (presidente da FIFA) e Jacob Zuma (presidente da África do Sul).

No final do show de encerramento do evento surge Nelson Mandela. Ele deu uma volta no campo em um carrinho de golfe para delírio das arquibancadas e reflexão dos telespectadores do mundo todo pelo significado que sua figura representa para a humanidade.

A Cerimônia de encerramento teve a presença de 780 artistas, músicos e ajudantes. Foi transmitida para 215 países e teve uma audiência de aproximadamente 500 milhões de pessoas em todo o mundo.

Curiosidade: Minutos antes do início da grande final, um torcedor enganou a segurança e por pouco não chegou a taça FIFA, exposta à beira do gramado. Na tentativa de colocar um gorro na taça o homem foi detido já bem próximo do seu objetivo.

OS SÍMBOLOS NACIONAIS

Os símbolos nacionais são quatro: Bandeira Nacional, Hino Nacional, Armas Nacionais e Selo Nacional. Não há precedência nem hierarquia entre os símbolos nacionais, cada um deles, a seu modo, expressa o espírito cívico daqueles que deles fazem uso.

Os símbolos em geral significam a esperança e o ideal da população de um país.

Existe uma Lei específica sobre os Símbolos Nacionais, é a Lei nº 5.700 de 01.09.71. A mesma dispõe sobre a forma e apresentação dos símbolos nacionais.

Nos eventos esportivos, geralmente, são utilizados o Hino Nacional e a Bandeira Nacional, por este motivo ambos receberam um capítulo especial neste livro. Os outros dois símbolos possuem uma utilização mais específica.

Armas Nacionais - Também conhecida por Armas da República, ou ainda, Brasão das Armas. É um símbolo de uso obrigatório nas seguintes repartições: No Palácio da Presidência da República e na residência do Presidente da República; nos edifícios-sede dos Ministérios; nas Casas do Congresso Nacional; no Supremo Tribunal Federal, nos Tribunais Superiores e nos Tribunais Federais de Recursos; nos edifícios-sede dos poderes executivo, legislativo e judiciário dos Estados, Territórios e Distrito Federal; nas Prefeituras e Câmaras Municipais; na frontaria dos edifícios das repartições públicas federais; nos quartéis das forças federais de terra, mar e ar e das polícias militares e corpos de bombeiros militares, nos seus armamentos, bem como nas fortalezas e nos navios de guerra; na frontaria ou no salão principal das escolas públicas; nos papéis de expediente, nos convites e nas publicações oficiais dos órgãos federais.

Exemplo do símbolo Armas Nacionais em uma
espada típica de oficial do Exército Brasileiro

Selo Nacional – É constituído, por um círculo representando uma esfera celeste, igual ao que se acha no centro da Bandeira Nacional, tendo em volta as palavras República Federativa do Brasil. Este símbolo é usado para autenticar os atos de governo, pela diplomacia, e ainda, para legitimar os diplomas e certificados expedidos pelos estabelecimentos de ensino oficiais ou reconhecidos.

Cores nacionais – O verde e o amarelo são consideradas as cores nacionais, pode-se ainda fazer composições com o azul e o branco, completando, desta maneira, as cores de nossa bandeira.

> **Curiosidade:** Pouca gente sabe que os Símbolos Nacionais tem um dia específico reservado a eles: todo dia 18 de setembro. Esta data foi escolhida por coincidir com a data de criação dos Símbolos por D. Pedro I em 1822.

O HINO NACIONAL

Música: Francisco Manuel da Silva (1795-1865)
Poema: Joaquim Osório Duque Estrada (1870-1927)

N ão há um momento sequer de tédio no Hino Nacional; tudo ali é energia, emoção e vigor. Com quase 200 anos de vida, a peça composta por Francisco Manuel da Silva em 1822 mantém intactas até hoje todas as qualidades que fizeram dela uma das composições mais bem-sucedidas na história da música brasileira (J.R. Guzzo – Revista Veja 23.06.10).

O Hino Nacional, na maioria das vezes, juntamente com a Bandeira Nacional, está presente em praticamente todos os eventos esportivos realizados no Brasil. Conhecer a sua história, curiosidades e a legislação pertinente fará com que sejam evitadas falhas protocolares e ensejará a criatividade na sua utilização, favorecendo a possibilidade de trocar um momento formal por um instante de emoção. Pense: quando se faz do formal um espetáculo, se faz um evento muito mais agradável.

Há uma grande torcida dos brasileiros para que seja atualizada a legislação que versa sobre os símbolos nacionais. Em razão da época em que foi promulgada, criou-se uma Lei com muitas proibições e amarras, bem diferente de outros países, o que dificulta a utilização plena dos nossos símbolos.

Utilizando o texto que se segue, extraído da Lei 5.700 de 01.09.71. Podem-se fazer alguns apontamentos visando alguns esclarecimentos:

Art. 6º O Hino Nacional é composto da música de Francisco Manuel da Silva e do poema de Joaquim Osório Duque Estrada, de acordo com o que dispõem os Decretos n. 171, de 20 de janeiro de 1890, e n. 15.671, de 6 de setembro de 1922.

Parágrafo único. A marcha batida, de autoria do mestre de música Antão Fernandes, integrará as instrumentações de orquestra e banda, nos casos de execução do Hino Nacional, mencionados no inciso I do artigo 25 desta Lei, devendo ser mantida e adotada a adaptação vocal, em fá maior, do maestro Alberto Nepomuceno.

Art. 24º. A execução do Hino Nacional obedecerá às seguintes prescrições:

I - Será sempre executado em andamento metronômico de uma semínima igual a 120 (cento e vinte).

II - É obrigatória a tonalidade de si bemol para a execução instrumental simples.

III - Far-se-á o canto sempre em uníssono.

IV - Nos casos de simples execução instrumental, tocar-se-á a música integralmente, mas sem repetição; nos casos de execução vocal, serão sempre cantadas as duas partes do poema.

Art. 30º. Nas cerimônias de hasteamento ou arriamento, nas ocasiões em que a Bandeira se apresentar em marcha ou cortejo, assim como durante a execução do Hino Nacional, todos devem tomar atitude de respeito, de pé e em silêncio, os civis do sexo masculino com a cabeça descoberta e os militares em continência, segundo os regulamentos das respectivas corporações.

Parágrafo único. É vedada qualquer outra forma de saudação.

Art. 34º. É vedada a execução de quaisquer arranjos vocais do Hino Nacional, a não ser o de Alberto Nepomuceno; igualmente não será permitida a execução de arranjos artísticos instrumentais do Hino Nacional que não sejam autorizados pelo Presidente da República, ouvido o Ministério da Educação e Cultura.

Assim, lamenta-se não poder aplaudir o belo Hino brasileiro. Hino que deve ser orgulho para os brasileiros, afinal, o mesmo goza de grande reconhecimento no exterior e possui inúmeras declarações internacionais de apoio e reconhecimento por sua beleza e harmonia.

Pela Lei, nem mesmo uma execução magistral por um músico genial pode ser aplaudida. Está mais que na hora de uma atualização na Lei 5.700.

Vale lembrar que quando o mesmo é orquestrado não se repete a segunda parte, entretanto, quando for cantado o mesmo deve ser por inteiro, ou seja, a primeira e a segunda parte.

A Lei também evidencia a dificuldade para arranjos e adaptações que só mediante autorizações específicas da Presidência da República podem ser realizadas, dificultando desta maneira a criação artística para ocasiões especiais.

Outro equívoco bastante comum é voltar-se para a Bandeira Nacional durante a execução do Hino Nacional, não é necessário, a Bandeira já está em destaque, e, assim ficará durante todo o ato, entretanto, é na hora do Hino Nacional que ele deve ser cultuado. Afinal foi anunciado o Hino Nacional e não a Bandeira Nacional. Exceção feita quando há o hasteamento juntamente com o Hino Nacional.

Para ressaltar este ponto, verificou-se o que diz o Regulamento de Continências, Honras, Sinais de Respeito e Cerimonial Militar das Forças Armadas, assim, destaca-se:

> Art. 25 Ao fazer a continência ao Hino Nacional, o militar volta-se para a direção de onde vem a música, conservando-se nessa atitude enquanto durar sua execução.

§ 1º Quando o Hino Nacional for tocado em cerimônia à Bandeira ou ao Presidente da República, o militar volta-se para a Bandeira ou para o Presidente da República.

Em eventos internacionais os Hinos de outros países precedem o Hino Nacional, por uma questão de deferência prevista na própria Lei. No caso de outros Hinos estaduais, municipais, regionais e institucionais, sem exceção, devem ser executados após o Hino Nacional.

Como nos ensina Ana Arcanjo (Revolucionária de 1932) existe uma letra para a **introdução** do Hino Nacional que ela afirma ter cantado em sua juventude. Essa letra é atribuída a Américo de Moura, presidente da província do Rio de Janeiro em 1879 e 1880.

Espera o Brasil que todos cumprais o vosso dever
Eia! Avante, brasileiros! Sempre avante
Gravai com buril nos pátrios anais o vosso poder
Eia! avante, brasileiros! Sempre avante

Servi o Brasil sem esmorecer, com ânimo audaz
Cumpri o dever na guerra e na paz
À sombra da lei, à brisa gentil
O lábaro erguei do belo Brasil
Eia sus, oh sus!

Obs. A palavra "sus" vem do latim: "de baixo para cima"; erga-se!, ânimo!, coragem!

HINO NACIONAL BRASILEIRO

Primeira parte

Ouviram do Ipiranga as margens plácidas
De um povo heróico o brado retumbante,
E o sol da liberdade, em raios fúlgidos,
Brilhou no céu da pátria nesse instante.

Se o penhor dessa igualdade
Conseguimos conquistar com braço forte,
Em teu seio, ó liberdade,
Desafia o nosso peito a própria morte!

Ó Pátria amada,
Idolatrada,
Salve! Salve!

Brasil, um sonho intenso, um raio vívido
De amor e de esperança à terra desce,
Se em teu formoso céu, risonho e límpido,
A imagem do Cruzeiro resplandece.

Gigante pela própria natureza,
És belo, és forte, impávido colosso,
E o teu futuro espelha essa grandeza.

Terra adorada,
Entre outras mil,
És tu, Brasil,
Ó Pátria amada!
Dos filhos deste solo és mãe gentil,
Pátria amada,
Brasil!

Segunda parte

Deitado eternamente em berço esplêndido,
Ao som do mar e à luz do céu profundo,
Fulguras, ó Brasil, florão da América,
Iluminado ao sol do Novo Mundo!

Do que a terra, mais garrida,
Teus risonhos, lindos campos têm mais flores;
"Nossos bosques têm mais vida",
"Nossa vida" no teu seio "mais amores."

Ó Pátria amada,
Idolatrada,
Salve! Salve!

Brasil, de amor eterno seja símbolo
O lábaro que ostentas estrelado,
E diga o verde-louro dessa flâmula
- "Paz no futuro e glória no passado."
Mas, se ergues da justiça a clava forte,

Verás que um filho teu não foge à luta,
Nem teme, quem te adora, a própria morte.

Terra adorada,
Entre outras mil,
És tu, Brasil,
Ó Pátria amada!
Dos filhos deste solo és mãe gentil,
Pátria amada,
Brasil!

Vocabulário

Plácidas : tranquilas, calmas
Brado : grito
Retumbante : que ecoa, vibrante
Fúlgidos : luz intensa
Penhor : garantia
Idolatrada : muito amada , respeitada
Vívido : cheio de vida
Límpido : limpo, claro
Cruzeiro : constelação do Cruzeiro do Sul
Resplandece : brilha
Impávido: destemido
Colosso : gigante
Esplêndido: maravilhoso , admirável
Fulguras : brilhas
Florão : enfeite, ornamento, jóia
Garrida : vistosa, alegre
Risonhos : alegres
Lábaro : bandeira
Ostentas : mostra
Louro : amarelo
Flâmula: bandeira
Clava : pau usado como arma

Curiosidade: a primeira versão da letra do nosso Hino Nacional é de 1831. Entretanto, devido aos problemas políticos da época, só foi finalizada em 1916. E, 'apenas' quase um século depois, em 1922, é que foi oficializada.

A BANDEIRA NACIONAL

A *Bandeira Nacional pode ser usada em todas as manifestações do sentimento patriótico dos brasileiros, de caráter oficial ou particular.*
(Art 22 – Normas do Cerimonial Público e Ordem Geral de Precedência).

Dos quatro símbolos nacionais a bandeira é, sem dúvidas, o símbolo de maior apelo popular, é o mais utilizado, e ainda, o mais lembrado e enaltecido, desta maneira, é também o mais conhecido e de mais fácil identificação. Conhecer um pouco de sua história, de suas características e, principalmente, a legislação pertinente aos símbolos nacionais se torna obrigatório para as pessoas e instituições organizadoras de eventos. Usar a Bandeira Nacional adequadamente e de acordo com as normas vigentes **(LEI** Nº 5.700, DE 1 DE SETEMBRO DE 1971) é o que se espera dos organizadores de qualquer evento. Seu uso equivocado é sempre motivo de críticas, de publicidade e de comentários negativos.

Alguns pontos fundamentais:
- A violação de qualquer disposição da presente sobre os Símbolos Nacionais sujeita o infrator à multa de 1 (uma) a 4 (quatro) vezes o maior salário-mínimo em vigor, elevada ao dobro nos casos de reincidência.
- A Bandeira deve permanecer indefinidamente hasteada na Praça dos Três Poderes em Brasília como símbolo perene da Pátria:
    Sob a guarda do povo brasileiro,
    Nesta Praça dos Três Poderes,
    A Bandeira sempre no alto
    Visão permanente da Pátria.

- Todo mês, sempre no primeiro domingo, há uma solenidade especial para a troca da Bandeira que fica hasteada na Praça dos três poderes.
- As escolas devem hastear a Bandeira Nacional e tocar o Hino Nacional, obrigatoriamente, uma vez por semana.
- Existem 27 estrelas na Bandeira Nacional, cada uma representa um estado da federação.
- A constelação que figura na Bandeira Nacional corresponde ao aspecto do céu, na cidade do Rio de Janeiro, às 8 horas e 30 minutos do dia 15 de novembro de 1889.
- O dístico "Ordem e Progresso" teve como referência o lema Positivista: *"O amor como princípio, a ordem como base e o progresso como fim".*
- As Bandeiras em mau estado de conservação devem ser entregues a uma unidade militar para incineração no dia da Bandeira.
- No dia 19 de novembro, Dia da Bandeira, o hasteamento é feito às 12 horas, com solenidades especiais:

> "Incineradas as Bandeiras, prossegue o cerimonial com o canto do Hino à Bandeira, regido pelo mestre da Banda de Música, com a tropa na posição de 'Sentido'. As cinzas são depositadas em caixa e enterradas em local apropriado, no interior das respectivas Organizações Militares ou lançadas ao mar. O desfile em continência à Bandeira é, então, realizado". (Regulamento de Continências, Honras, Sinais de Respeito e Cerimonial Militar das Forças Armadas).

- Hasteada à noite, ela deve estar sempre iluminada.
- Nenhuma Bandeira de outra nação poderá ser usada sem uma Bandeira Nacional de igual tamanho ao seu lado. Salvo nas embaixadas e consulados.
- Nos dias de Finados, a Bandeira deve ser mantida a meio mastro.
- Por ocasião do hasteamento, em dia de luto, a Bandeira vai até o topo do mastro, descendo em seguida até o meio do mastro. No arriamento, a Bandeira sobe até o topo antes de descer para ser retirada.
- Quando várias bandeiras são hasteadas, a Bandeira Nacional é a primeira a atingir o topo e quando desce é a última a ser retirada.

- A Bandeira Nacional não deve tocar o chão.
- A Bandeira Nacional pode ser hasteada e arriada a qualquer hora do dia ou da noite. Normalmente, faz-se o hasteamento às oito horas e o arriamento às dezoito horas ou ao pôr-do-sol.
- A Bandeira nunca se abate em continência.
- À direita de tribunas, púlpitos, mesas de reunião ou de trabalho.

Medidas oficiais da Bandeira Nacional

Medidas oficiais	
Um pano, para área interna	0,45 x 0,64 m
Dois panos, para área interna	0,90 x 1,28 m
Dois panos e meio, uso misto	1,13 x 1,61 m
Três panos, para área interna	1,35 x 1,93 m
Quatro panos, para uso externo	1,80 x 2,56 m
Cinco panos, para uso externo	2,25 x 3,20 m
Seis panos, para mastro de praça	2,70 x 3,85 m
Dez panos, para grandes mastros	4,50 x 6,43 m

Obs. A Bandeira do Brasil, quando hasteada em mastro externo, deverá ter sua menor medida (largura) medindo entre 1/5 e 1/7 da altura do mastro.

Posição da Bandeira Nacional

A Bandeira Nacional, por força de Lei, deverá ocupar lugar de honra em todas as apresentações em território nacional. A posição central é a ideal, entretanto, ela ficará o mais próximo do centro e à direita deste, quando em uso com outras bandeiras.

Para considerar a direita ou esquerda de um dispositivo de bandeiras, imagine uma pessoa colocada no local das bandeiras e voltada para a platéia, rua ou público. Metaforicamente, pode-se dizer que a pessoa deve-se imaginar como sendo "os olhos da bandeira". No caso deste livro, o leitor está na posição do público.

Exemplo 1: Bandeira Nacional com a bandeira do Mercosul.

Exemplo 2: Bandeira Nacional com a bandeira do Estado de São Paulo.

Exemplo 3: Bandeira Nacional, do Estado de São Paulo e do Município de Jundiaí.

  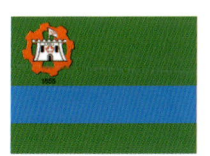

Exemplo 4: Bandeira Nacional, do Mercosul, do Estado de São Paulo e do Município de Jundiaí.

Exemplo 5: Bandeira Nacional, do Mercosul, do Estado de São Paulo, do Município de Jundiaí e de uma instituição.

Exemplo 6: Bandeira Nacional e um país visitante (África do Sul).

Exemplo 7: Bandeira Nacional e dois países visitantes (África do Sul e Portugal). A maior precedência é da Bandeira do Brasil, para os demais países utiliza-se a ordem alfabética.

Exemplo 8: Bandeira Nacional, dois países visitantes (África do Sul e Portugal), e a do Estado do Rio de Janeiro.

Hino à Bandeira Nacional

Letra: Olavo Bilac
Música: Francisco Braga

Salve lindo pendão da esperança!
Salve símbolo augusto da paz!
Tua nobre presença à lembrança
A grandeza da Pátria nos traz.

Recebe o afeto que se encerra
em nosso peito juvenil,
Querido símbolo da terra,
Da amada terra do Brasil!

Em teu seio formoso retratas
Este céu de puríssimo azul,
A verdura sem par destas matas,
E o esplendor do Cruzeiro do Sul.

Recebe o afeto que se encerra
Em nosso peito juvenil
Querido símbolo da terra
Da amada terra do Brasil!

Contemplando o teu vulto sagrado,
Compreendemos o nosso dever,
E o Brasil por seus filhos amado,
poderoso e feliz há de ser!

Recebe o afeto que se encerra
Em nosso peito juvenil
Querido símbolo da terra
Da amada terra do Brasil!

Sobre a imensa Nação Brasileira,
Nos momentos de festa ou de dor,
Paira sempre sagrada bandeira
Pavilhão da justiça e do amor!

Recebe o afeto que se encerra
Em nosso peito juvenil
Querido símbolo da terra
Da amada terra do Brasil!

BANDEIRAS DOS ESTADOS BRASILEIROS

A precedência dentre as bandeiras dos estados brasileiros é determinada pela ordem de constituição histórica do estado que a mesma representa. A precedência entre os governadores dos estados é determinada pelo mesmo critério. O Distrito Federal é colocado como 27º estado na ordem de precedência, mesmo não sendo o mais moderno na ordem de constituição histórica, assim,

vale a explicação baseada no fato que o mesmo não possui uma estrutura completa de estado ou mesmo que é uma simpática cortesia por se tratar do centro das decisões políticas da república. Segue quadro dos estados brasileiros, suas capitais e sua referente precedência para os eventos em que forem utilizadas as respectivas bandeiras.

Precedência entre estados brasileiros

Ordem	Estado	Capital
1º	Bahia	Salvador
2º	Rio de Janeiro	Rio de Janeiro
3º	Maranhão	São Luís
4º	Pará	Belém
5º	Pernambuco	Recife
6º	São Paulo	São Paulo
7º	Minas Gerais	Belo Horizonte
8º	Goiás	Goiânia
9º	Mato Grosso	Cuiabá
10º	Rio Grande do Sul	Porto Alegre
11º	Ceará	Fortaleza
12º	Paraíba	João Pessoa
13º	Espírito Santo	Vitória
14º	Piauí	Teresina
15º	Rio Grande do Norte	Natal
16º	Santa Catarina	Florianópolis
17º	Alagoas	Maceió
18º	Sergipe	Aracaju
19º	Amazonas	Manaus
20º	Paraná	Curitiba
21º	Acre	Rio Branco
22º	Mato Grosso do Sul	Campo Grande
23º	Rondônia	Porto Velho
24º	Tocantins	Palmas
25º	Amapá	Macapá
26º	Roraima	Boa Vista
27º	Distrito Federal	Brasília

Esta precedência é apenas uma interpretação para ser usada até que tenhamos um decreto que estabeleça formalmente a precedência dos últimos três estados criados pela **Constituição de 05.10.1988.**

BANDEIRAS HISTÓRICAS
DO BRASIL

Só após a independência política do Brasil, em 1822, é que passamos a ter bandeiras genuinamente nacionais. Entretanto, em nossa história fulguram as bandeiras portuguesas utilizadas pelo Brasil na condição de colônia de Portugal de 1500 até 1822.

Bandeira da Ordem Militar de Cristo (1332 - 1651)

Primeiro símbolo da história brasileira, a Cruz da Ordem Militar de Cristo estava pintada nas velas das 12 embarcações que chegaram a terras brasileiras no dia 22 de abril de 1500. Ou seja, patrocinou as grandes navegações e exerceu grande influência nos dois primeiros séculos da vida brasileira. O clube Vasco da Gama tem como símbolo uma cruz conhecida como a Cruz de Malta. Na realidade não é esse o seu nome e sim, Cruz da Ordem Militar de Cristo.

Bandeira Real (1500 - 1521)

Além da Bandeira da Ordem Militar de Cristo, as embarcações lusas usavam outra bandeira: a Bandeira Real. Embora fosse a oficial, essa bandeira cedia espaço para a da Ordem Militar de Cristo, que era usada nas expedições no mar e nas embarcações. A bandeira Real era o pavilhão oficial do Reino Português na época do descobrimento do Brasil e presidiu a todos os acontecimentos importantes havidos em nossa terra até 1521. Como inovação apresenta, pela primeira vez, o escudo de Portugal.

Bandeira de D. João III (1521 - 1616)

Sucedendo seu pai, D. João III (1521-1577), se tornou rei e introduziu a Companhia de Jesus e o Tribunal da Inquisição em Portugal. No Brasil implantou o sistema de Capitanias Hereditárias (1534) e o Governo-Geral (1549), além disso, criou uma nova bandeira: a Bandeira de D. João III. Notam-se semelhanças com a bandeira anterior e ainda algumas inovações. Sobre as semelhanças, temos o campo branco e o escudo real presentes na bandeira anterior e sobre as inovações, temos a retirada da Cruz da Ordem de Cristo e a inclusão sobre o escudo real, de uma coroa real aberta.

Bandeira do Domínio Espanhol (1616 - 1640)

Este pendão, criado em 1616, por Felipe II da Espanha, para Portugal e suas colônias, assistiu às invasões holandesas no Nordeste e ao início da expansão bandeirante, propiciada, em parte, pela "União Ibérica".

Bandeira da Restauração - Bandeira de D. João IV (1640 - 1683)

     D. João III faleceu em 1577 e seus filhos não assumiram a coroa, já que nenhum havia sobrevivido. Para assumir o trono português foi escolhido seu neto, D. Sebastião, que faleceu, em 1578, numa batalha contra os mouros no norte da África. Sucedendo-o veio seu primo, o cardeal D. Henrique, falecendo rapidamente em 1579. Também conhecida como "Bandeira de D. João IV", foi instituída, logo após o fim do domínio espanhol, para caracterizar o ressurgimento do Reino Lusitano sob a Casa de Bragança. O fato mais importante que presidiu foi a expulsão dos holandeses. A orla azul alia à ideia de Pátria o culto de Nossa Senhora da Conceição, que passou a ser a Padroeira de Portugal, no ano de 1646.

Bandeira do Principado do Brasil (1645 - 1816)

     Durante o reinado de D. João IV, um de seus filhos, Teodósio, recebeu o título de "Príncipe do Brasil", sendo que a partir dessa data (1645), todos os herdeiros da coroa portuguesa passaram a usar esse título. Desta forma, o Brasil foi elevado à categoria de Principado e, assim, ganhamos nossa primeira bandeira particular. Entretanto, não devemos ver essa bandeira como sendo a primeira bandeira de nossa nacionalidade, pois, não éramos uma nação soberana e muito menos essa bandeira simbolizava nossa nacionalidade, já que a mesma, só foi criada em razão do título recebido pelo filho do rei e não como representação de nossa nação.

Bandeira de D. Pedro II, de Portugal (1683 - 1706)

Assumindo o trono real, D. Pedro II adotou uma nova bandeira: a Bandeira de D. Pedro II Imperador. Essa bandeira possui o escudo real encimado pela coroa real fechada, mas com uma nova forma. Esses elementos foram colocados em um campo verde. Esta bandeira presenciou o apogeu da epopéia bandeirante, que tanto contribuiu para nossa expansão territorial. É interessante atentar para a inclusão do campo em verde (retângulo), que voltaria a surgir na Bandeira Imperial e foi conservado na Bandeira atual, adotada pela República.

Bandeira Real Século XVII (1600 - 1700)

Esta bandeira foi usada como símbolo oficial do Reino ao lado dos três pavilhões já citados: a Bandeira da restauração, a do Principado do Brasil e a Bandeira de D. Pedro II, de Portugal.

Bandeira do Reino Unido de Portugal, Brasil e Algarves (1816-1821)

Após a vinda da família real para o Brasil em 1808, o Brasil passou por várias transformações, e entre elas, a elevação a Reino Unido. Criado em 1815, o Reino Unido de Portugal, Brasil e Algarves só ganhou uma bandeira em 13 de maio de 1816.

Bandeira do Regime Constitucional (1821- 1822)

Em 1815, Napoleão foi derrotado, porém, D. João e a corte portuguesa não regressaram à Portugal, como era de se esperar. Contudo, em 1820, os portugueses se revoltaram e realizaram a Revolução Constitucionalista do Porto e exigiram o retorno de D. João VI. Em 1821, o rei português retornou não como um rei absolutista, mas como rei de uma monarquia constitucional. É nesse contexto, que as Cortes (parlamento português) criaram uma nova bandeira em 21 de agosto de 1821: a Bandeira do Regime Constitucional. Foi a última bandeira portuguesa a tremular em nossas terras.

Bandeira Imperial do Brasil (1822 - 1889)

Recusando-se obedecer as ordens das Cortes Portuguesas, D. Pedro, a 7 de setembro de 1822, num sábado de céu azulado, às margens do riacho Ipiranga (Rio Vermelho - do tupi), em São Paulo, proclamou a emancipação política do Brasil, depois de proferir o brado de Independência ou Morte e de ordenar Laços Fora! Arrancando do chapéu o tope português, exclamou "Doravante teremos todos outro laço de fita, verde e amarelo. Serão as cores nacionais ".

Bandeira Provisória da República (15 a 19 Nov 1889)

Esta bandeira foi hasteada na redação do jornal "A Cidade do Rio", após a proclamação da República, e no navio "Alagoas", que conduziu a família imperial ao exílio. Tinha 21 estrelas de prata e era uma variante da bandeira do Clube Republicano Lopes Trovão. Uma versão local da bandeira norte-americana.

Foto do autor

Cerimônia de Abertura da Copa do Mundo - África do Sul 2010

Foto do autor

SEÇÃO DE FOTOS

Foto do autor

Cerimônia de Abertura da Copa do Mundo - África do Sul 2010

Foto do autor

Foto do autor

Cerimônia de Abertura do Pan 2007 - Rio de Janeiro

Foto do autor

SEÇÃO DE FOTOS

Foto do autor

Cerimônia de Encerramento do Pan 2007 - Rio de Janeiro

Foto do autor

Foto do autor

Hasteamento - Pan 2007

Cerimônia de premiação vôlei de praia feminino Pan 2007

Foto do autor

SEÇÃO DE FOTOS

Pira do Pan 2007 antes da Cerimônia de Abertura

Pira do Pan 2007

Montagem do pódio Pan 2007

Pira do Pan 2007

Foto do autor

Cerimônia de Abertura - Atenas 2004

**Voluntárias com o autor
Atenas 2004**

Foto do autor

Foto do autor

Pira utilizada em Cerimônia de Abertura organizada pelo autor

Bandeira Nacional em desfile cívico

Arriamento da Bandeira feito por Mariana em evento organizado pelo autor

Apresentação da Bandeira em Cerimônia de Abertura organizada pelo autor

SEÇÃO DE FOTOS

Bandeiras hasteadas Brasil, São Paulo, Jundiaí, ESEF, Panathlon e Congresso

Hasteamento após pódio do vôlei feminino Pan 2007

SEÇÃO DE FOTOS

Extinção do Fogo Simbólico feita pelo autor nos Jogos da Artilharia

Juramento do Atleta

Bandeiras Históricas em evento organizado pelo autor

O autor como Mestre de Cerimônias em uma solenidade militar

SEÇÃO DE FOTOS

Pódio da Corrida de São Silvestre em São Paulo

Pódio Vôlei de Praia BB Santos SP

SEÇÃO DE FOTOS

Foto do autor

Pira sendo acesa

Foto do autor

Tocha em evento organizado pelo autor

Pira simbólica

Foto do autor

SEÇÃO DE FOTOS

Caio & Luca testam pódio em evento organizado pelo pai em 2001

Propaganda de uma Cerimônia de Abertura

CHECK LIST COMPLETO PARA CERIMÔNIAS ESPORTIVAS

Uma ferramenta imprescindível para qualquer evento é o *Check List*. Com um bom *Check List* os pequenos detalhes não estarão invisíveis e, desta maneira, nada será esquecido.

Adriça	Camisetas
Agência de viagem	Canetas
Água	Canhões de luz
Alimentação	Cantor/músico
Ambulância	Cartões de boas vindas
Apoio aos VIPs	Catering
Apresentações especiais	CD/DVD
Ar condicionado	CDs específicos
Áreas Vips	Celulares
Arranjos florais	Cenografia
Assessor de imprensa	Cerimonial
Assistentes	Certificados
Atendimento geral	Cinegrafista
Autoridades	Coffee break
Autorizações	Computador/notebook
Back drop	Cones e cavaletes
Baldes (apagar tocha)	Convidados
Balões	Convites
Banda marcial	Copa/cozinha
Bandeiras	Copiadora
Bandeiras especiais	Copos e talheres
Bandeirolas	Coquetel
Bandeja ornamentada	Coroa de louros
Blocos de anotações	Corpo de Bombeiros
Blue Ray específico	Correio
Blue Ray player	Cortinas
Bluetooth	Crachás
Brigadistas	Cronômetro
Brindes	Croqui
Brunch	Decoração
Buffet	Definição de ensaios
Cadeiras	Demarcações
Caderno informativo	Departamento (trânsito)
Camarote	DVDs específicos

DVD player	Instalações sanitárias
Eletricista	Isolamento de área
Empresa de segurança	Isqueiro
Engenheiro responsável	Juramentista
Ensaios	Kit para imprensa
Equipe de protocolo	Kit para o público
Estacionamento	Limpeza
Estande	Lista de convidados
Eventos paralelos	Livro de presença
Faixas	Locação (equipamentos)
Fita isolante, crepe, etc	Local
Flâmulas	Locutor esportivo
Flores	Logomarca do evento
Fogos/pirotecnia	Louças e porcelanas
Fósforo	Lycra e outros tecidos
Fotografia e filmagem	Manutenção
Frutas	Mapa de acesso
Garçom	Mascote
Gelo seco	Mastro para bandeira
Gerador	Material 1º socorros
Gradil de isolamento	Material de divulgação
Guarda municipal	Medalhas
Hasteamento	Médico/enfermeiro
Hinos	Mensageiro
Hospitality center	Mesa para o receptivo
Hostess	Mesas de apoio
Hotel	Mestre de cerimônias
Iluminação	Microfones diversos
Iluminação cênica	Mobiliário
Imagens ao vivo	Música ambiente
Impressos	Música específica
Informações	Nominata
Ingressos	Numerário (emergência)
Inspeção	Ônibus/vans

Operador de som/ luz	Resultados
Ornamentação	Roteiro (Script)
Palco	Roupas
Panóplia	Script (Roteiro)
Passarela	Secretaria
Pastas	Secretaria geral
Personalidade	Segurança
Pira	Serviços de informações
Pirotecnia	Shows
Pisos especiais	Sinalização
Placa para desfile	Sistema de comunicação
Planejamento	Sistema de som
Players	Slogan
Pódio	Tapetes
Polícia Militar	Tecidos para decoração
Poltronas e cadeiras	Tela para projeção
Pórticos	Telefones
Praticáveis	Tendas
Premiação geral	Tesouraria
Prêmio em dinheiro	Toalha
Press kit	Tocha
Prisma para mesa	Tradução simultânea
Programa	Tradutores
Projetor multimídia	Transporte
Projetos de cenografia	Tribuna de honra
Pronto-socorro	Troféus
Protocolo e nominatas	TV Plasma, LCD ou LED
Púlpito	Uniforme
Ramalhetes	Ventiladores
Recepcionistas	Vídeos
Recordes	Walkie-Talkies
Relação de telefones	Welcome coffee
Release (imprensa)	Wireless
Restaurante	

O PRONOME DE TRATAMENTO

O pronome de tratamento segue uma tradição milenar, pois seu uso está mais que consagrado. Entretanto, algumas observações merecem destaque.

Por exemplo: não se utiliza mais *ilustríssimo (Ilmo)* e menos ainda o *digníssimo (DD)*. A exclusão do uso destes tratamentos tem por ob-

jetivo diminuir a formalidade e, curiosamente, sob a alegação de que a dignidade, por exemplo, é pressuposto básico para que se ocupe qualquer cargo público, sendo desnecessária sua repetida evocação.

Os pronomes mais usados seguem as seguintes regras:

Vossa Excelência é usado para comunicações dirigidas às seguintes autoridades:

PODER EXECUTIVO

- Presidente da República
- Vice-Presidente da República
- Ministros de Estado
- Secretário-Geral da Presidência da República
- Consultor-Geral da República
- Chefe do Estado Maior das Forças Armadas
- Chefe do Gabinete Militar da PR
- Chefe do Gabinete Pessoal do PR
- Secretários da Presidência da República
- Procurador-Geral da Presidência da República
- Governadores e Vice-Governadores de Estado e do Distrito Federal
- Chefe do Estado-Maior das Três Armas
- Oficiais-Generais das Forças Armadas
- Embaixadores
- Secretários Executivos e Nacionais de Ministério
- Secretários de Estados dos Governos Estaduais
- Prefeitos Municipais

PODER LEGISLATIVO

- Presidente, Vice-Presidente e Membros da Câmara dos Deputados e do Senado
- Presidente e Membros do Tribunal de Contas da União
- Presidente e Membros das Assembléias Legislativas
- Presidentes das Câmaras Municipais

PODER JUDICIÁRIO

- Presidente e Membros do Supremo Tribunal Federal
- Presidente e Membros do Superior Tribunal de Justiça
- Presidente e Membros do Superior Tribunal Militar
- Presidente e Membros do Tribunal Superior Eleitoral
- Presidente e Membros dos Tribunais de Justiça
- Presidente e Membros dos Tribunais Regionais Federais
- Presidente e Membros dos Tribunais Regionais Eleitorais
- Presidente e Membros dos Tribunais Regionais do Trabalho
- Juízes e Desembargadores
- Auditores da Justiça Militar

O vocativo a ser empregado nas comunicações dirigidas aos Chefes de Poder é *Excelentíssimo Senhor*, seguido do respectivo cargo: Excelentíssimo Senhor Presidente da República. Excelentíssimo Senhor Presidente do Congresso Nacional e Excelentíssimo Senhor Presidente do Supremo Tribunal Federal.

As demais autoridades serão tratadas pelo vocativo *Senhor* seguido do respectivo cargo, Senhor Senador, Senhor Juiz, Senhor Ministro, Senhor Governador etc.

Vossa Senhoria é empregado para as demais autoridades e para particulares. O vocativo adequado é Senhor, seguido do cargo do destinatário.

Doutor não é forma de tratamento, mas título acadêmico e não deve ser usado indiscriminadamente. Seu emprego deve restringir-se apenas às comunicações formais dirigidas às pessoas que tenham concluído curso acadêmico de doutorado. Nos demais casos, o tratamento *Senhor* confere a desejada formalidade aos entendimentos.

Deve ser mencionada, ainda, a forma *Vossa Magnificência*, empregada, por força da tradição, em comunicações dirigidas aos Reitores de Universidades. O vocativo correspondente é Magnífico Reitor.

Os pronomes de tratamento destinados aos religiosos devem seguir a hierarquia eclesiástica.

Para o papa usa-se *Vossa Santidade* e o vocativo correspondente é Santíssimo Padre.

Vossa Eminência ou *Vossa Eminência Reverendíssima* são usados em comunicações dirigidas aos Cardeais. Os vocativos correspondentes são

Eminentíssimo Senhor Cardeal ou Eminentíssimo e Reverendíssimo Senhor Cardeal.

Vossa Excelência Reverendíssima é usado em comunicações para Arcebispos e Bispos; *Vossa Reverendíssima* ou *Vossa Senhoria Reverendíssima* para Monsenhores, Cônegos e superiores religiosos e *Vossa Reverência* é empregado para sacerdotes, clérigos e demais religiosos.

Pronomes de tratamento – Quadro resumo			
Pronome	**Singular**	**Plural**	**Emprego**
O(s) senhor(es), A(s) senhora(s)	sr. sra.	srs. sras.	Tratamento formal ou cerimonioso
Vossa Alteza	V.A.	VV.AA.	Príncipes, princesas, duques
Vossa Eminência	V. Em.ª	V.Em.ás	Cardeais
Vossa Excelência	V.Ex.ª	V.Ex.ás	Altas autoridades
Vossa Magnificência	V.Mag.ª	V.Mag.ás	Reitores de universidades
Meritíssimo Juiz ou Vossa Excelência	M.Juiz ou V.Ex.ª	V.Ex.ás	Juízes de Direito
Vossa Majestade	V.M.	VV.MM.	Reis, imperadores
Vossa Reverendíssima	V.Rev.ma	V.Rev.mas	Sacerdotes
Vossa Senhoria	V.S.ª	V.S.ás	Autoridades, tratamento respeitoso, correspondência comercial
Vossa Santidade	V.S.		Papa, Dalai Lama

Obs. O uso de Vossa Magnificência para reitores vem de antigos manuais de redação, é uma forma muito cerimoniosa, empolada, difícil de escrever e pronunciar, e, por isso em desuso. Já não existe hoje em dia um distanciamento tão grande entre a pessoa do reitor e o corpo docente e discente. Assim, pode-se perfeitamente utilizar o *Vossa Excelência* e, a invocação, pode ser simplesmente Senhor Reitor ou Excelentíssimo Senhor Reitor.

Curiosidade: Em certas ocasiões o pronome não serve para nada... "Vossa excelência é um homem que provoca receio, que gosta de intimidar as pessoas! Muita gente aqui tem medo de vossa excelência..." Roberto Jefferson do PTB se dirigindo a José Dirceu (Ex-ministro da Casa Civil). Ou ainda um bate-boca no Senado em 2009: "Vossa excelência é um coronel de m..." (Renan). Resposta: "Vossa excelência é um cangaceiro de terceira categoria". (Tasso).

CURIOSIDADES PROTOCOLARES

Assim como a curiosidade serve para mover a ciência, os textos curiosos servem como estímulo a leitura. Einstein, por exemplo, dizia ser uma pessoa comum, e, que a única diferença era ter uma "curiosidade apaixonada".

Mesa redonda ou quadrada?

Em coquetéis, festas e comemorações dê preferência para mesas redondas de 6 a 10 lugares. Os convidados ficam mais a vontade e de frente um para o outro.

Nome ou cargo?

No social vale o nome, no formal vale o cargo. Assim, no formal, indica-se primeiro o cargo, depois o nome; no informal, primeiro o nome e, se for o caso, o cargo.

Mulher ou esposa?

A mulher é minha, a esposa é do outro. Assim se diz: Minha mulher é amiga da sua esposa.

Qual o tamanho das flores?

Devem ser colocadas flores pequenas nas mesas, no máximo com 18cm. para não atrapalhar a visão das pessoas entre si.

Quantas credenciais foram expedidas no PAN 2007?

Para exemplificar o trabalho de coordenação e controle de um evento esportivo, vale lembrar que, foram expedidas mais de 65 mil credenciais nos XV Jogos Pan-americanos Rio 2007 entre atletas, voluntários, jornalistas, oficiais e prestadores de serviços.

Quantas pessoas ocuparam a tribuna de honra na abertura dos Jogos Olímpicos de Pequim?

Entre os números eloquentes das olimpíadas chinesa está o número de lugares da tribuna de honra. Para acomodar o grande número de autoridades do Partido Comunista Chinês e mais centenas de autoridades estrangeiras, foi construída uma tribuna com 11.000 lugares para a grande

Cerimônia de Abertura do dia 08.08.2008, iniciada pontualmente às 8h, 8 minutos e 8 segundos...

Como é executado o Hino Nacional nas competições oficiais de vôlei?

O vôlei brasileiro criou a tradição de se executar parcialmente o Hino Nacional, cabendo ao público concluir e fazer a festa em seguida.

Devemos sempre ficar de frente para a Bandeira Nacional durante a execução do Hino Nacional?

Não. Este é um equívoco muito comum nos eventos esportivos em geral. Ocorre que a Lei nº 5.700/71, que regulamenta a utilização dos Símbolos Nacionais (Bandeira, Hino, Selo nacional e Armas Nacionais), não faz nenhuma referência sobre posicionamento das pessoas comparativamente com um símbolo e outro por ocasião da realização das solenidades e eventos em geral. Temos que levar em consideração que ao cantar o Hino Nacional estamos homenageando a Pátria, via Hino. Assim, não é necessário que autoridades e ou convidados se voltem para a Bandeira no momento da execução do Hino, ficando muitas vezes, equivocadamente, de costas para o público. Vale ressaltar ainda, que o Hino Nacional não é um hino em homenagem à Bandeira. Para este propósito a referida lei reserva a data de 19 de novembro, denominada o "Dia da Bandeira". Ou seja, tem a hora do Hino e tem a hora da Bandeira, exceção feita quando o Hino é tocado junto com o hasteamento da Bandeira, neste caso, todos se voltam para a Bandeira. Desta maneira, em uma solenidade com execução do Hino Nacional, fique em pé e mantenha a sua posição, você estará agindo corretamente.

Qual o lado da noiva?

O lado que fica a noiva não é uma questão muito bem solucionada... A nossa sugestão é que o noivo dê o lado esquerdo para a noiva (o lado do coração...). Assim, ao ceder o lado direito para o noivo, sabiamente a noiva agradará a todos, tanto aos que acreditam nas coisas do coração como aos que não abrem mão do protocolo patriarcal.

Posso dizer: Fala que eu vou?

Evite dizer "fala que eu vou". Dê você mesmo a resposta, e se for afirmativa, honre sua palavra; e se for negativa, também. No caso de mudanças repentinas, a honestidade é sempre uma boa saída: conte a verdade.

Posso inventar nomes de trajes?

Os organizadores de plantão não param de inventar nomes de trajes, assim, temos: *Smart casual*, esporte com brilho, e outras esquisitices. Se for o caso de inventar um nome de traje, explique o significado e o que você espera do convidado, facilite e não complique.

Qual o tempo de discurso?

De 3 a 5 minutos é um tempo mais que razoável para os discursos em geral. Caso seja necessário falar mais que o tempo recomendado, é melhor marcar uma palestra e torcer para que apareçam interessados em ouvi-la.

Qual o número dos pés da recepcionista?

Quando se contrata uma recepcionista para eventos em geral, pede-se um uniforme que venha acompanhado de um par de sapatos, mas curiosamente, os sapatos nunca dão certo nos pés das meninas e, via de regra, há 100% de reclamação por parte das mesmas.

Posso homenagear todo mundo?

Quando se criar algum prêmio ou se prestar alguma homenagem, é interessante que a honraria não seja banalizada para manter um valor significativo para quem a recebe. Na contramão deste princípio, são criadas homenagens nas quais todo mundo é agraciado.

Mesa diretora ou mesa diretiva?

São sinônimos. Existe uma tendência de não usar mais a tal mesa diretora e sim cadeiras deixando o palco livre. Entretanto, caso se prefira a utilização da mesa, não se recomenda aquela antiga configuração com toalhas estampadas e muitas flores. Procure um visual *clean*.

Quais são os melhores cerimoniais?

Os melhores cerimoniais do mundo são os organizados pelos japoneses, ingleses e espanhóis, apesar de não ser uma afirmação científica, tal ocorre por conta da tradição com a realeza e o carinho com a pessoa que, em geral, está representando um país, entidade etc.

Posso atrasar?

Fala-se muito em cumprimento de horários, mas continua-se atrasando de um modo geral, assim, pode-se afirmar que quanto mais atrasado é um país, mais as pessoas se atrasam e convivem com os atrasos. Por outro lado, quem se preocupa com o horário acaba se destacando pelo seu zelo e cuidado. É o caso dos eventos realizados por organizadores de sucesso que além da competência na condução, tem o cuidado especial com o cumprimento dos horários. Em um país com tantos "atrasos", cumprir os horários é um diferencial para quem assume esta atitude.

O conceito do evento ajuda na organização?

Do presidente Bush quando esteve no Brasil: 4.000 homens. Conceito: *Todo mundo quer matar o presidente dos EUA.*

Do Papa quando esteve no Brasil: 8.000 homens. Conceito: *Todo mundo ama o Papa e por isso quer tocá-lo.*

Comentário: O conceito facilita ou dificulta de maneira direta o planejamento e a realização do protocolo do evento. Acrescente-se o fato de que, na visita do Presidente Bush ao Brasil a bandeira brasileira foi colada errada no carro presidencial dando a precedência à bandeira americana. Teria sido um erro do protocolo ou uma demonstração de arrogância?

Qual a origem do aperto de mãos?

A história mais aceita é que nos tempos dos cavaleiros medievais os homens estendiam a mão direita um para o outro para mostrar que estavam desarmados, daí para o aperto de mão foi fácil.

Qual a origem da continência militar?

Dentre outras histórias, uma das mais verossímeis é a seguinte: Durante a Idade Média, quando um cavaleiro passava por outro igual, levantavam o visor do seu elmo em sinal de respeito e amizade. Quando assim procediam, podiam olhar diretamente para os olhos do seu próximo e reafirmar o respeito e os valores reciprocamente comuns.

Por outro lado, Hitler sofisticou o gesto militar e criou a famosa saudação nazista com o braço estendido num ângulo de 90°, durante o qual se bradava em alto e bom som, às vezes, uma voz e outras vezes, milhares... *Heil Hitler!*

Curiosidade: Logo após a posse do Presidente norte-americano Barack Obama, em janeiro de 2009, verificou-se que uma palavra fora dita fora da ordem protocolar. Embora já alojado com toda sua família na Casa Branca, o Presidente fez questão de refazer o juramento, um dia após a posse, no salão oval e tendo como testemunhas o chefe da Justiça John Roberts e autoridades convidadas.

SITUAÇÕES CURIOSAS

Seguem diversos episódios engraçados, alguns são verdadeiros e outros não se pode garantir a sua veracidade. Foram preservados, em alguns casos, nomes verdadeiros e locais, pois o objetivo não é constranger ou tripudiar nas faltas de outros e sim mostrar que falhas acontecem e acontecerão sempre. Entretanto, a preparação da equipe e a qualificação individual dos seus integrantes contri-

buem decisivamente para evitar que equívocos e erros possam depreciar a imagem do evento e dos organizadores, bem como dos apoiadores e patrocinadores.

Caso 1 – Falta de atenção

Um mestre de cerimônias foi orientado a não improvisar e a seguir rigorosamente o roteiro da cerimônia e assim, desatento e chegando em cima da hora, pegou o *script* e, ato contínuo, autorizado a começar o evento, sapecou:

– Bom dia, boa tarde, boa noite – dependendo da hora do início da cerimônia...

Caso 2 – O sombra

Certa vez um cidadão dedicado foi contratado para acompanhar uma autoridade. O contratado tinha como obrigação, atender a autoridade da melhor maneira possível e, assim, recebeu a seguinte orientação:

– "Dê todo apoio ao Senhor..., esteja sempre por perto para atendê-lo prontamente".

Resultado: Terminada a composição da mesa o cidadão contratado, visando se manter próximo da autoridade, puxou uma cadeira e sentou-se ao lado das demais autoridades...

Caso 3 – Humor negro

O mestre de cerimônias recebe ao pé do ouvido, durante sua fala, o seguinte aviso: "Faleceu a filha do Sr. Fulano que está compondo a mesa diretora".

O mestre de cerimônias em seguida a fala protocolar, informa pelo microfone em alto e bom som:

– Informamos que faleceu um parente muito querido de um dos integrantes da nossa mesa de autoridades...

Caso 4 – Na medida certa

Morreu o filho de uma alta autoridade. A equipe de assessores assumiu o comando da cerimônia fúnebre e estava ciente que haviam planejado tudo nos mínimos detalhes para que não houvesse falha alguma. Na hora do enterro propriamente dito, o caixão não coube na cova, o mausoléu era menor que o caixão. Assim, as altas autoridades presentes no cemitério tiveram que tolerar quase uma hora de atraso enquanto a cova era redimensionada a picaretadas.

Caso 5 – O presidente

No lançamento de um livro de uma escritora famosa, estavam presentes várias autoridades, entre elas, o ex-presidente FHC, que, ao comprar um livro foi questionado pela moça responsável por escrever o nome em um lembrete usado para facilitar a vida dos autores que autografam seus livros:
– Qual o seu nome? Perguntou a moça.
– Fernando. Respondeu o ex-presidente.
– Fernando de quê? Insistiu a moça.
– Fernando Henrique Cardoso.
– OK, obrigado, próximo...

Caso 6 – Arrogância americana

Durante um curso que ministrei sobre organização de eventos e marketing esportivo, tive a honra de ter como aluno o renomado atleta de basquete Israel, o qual confirmou a seguinte história:
Durante a final do Pan de Indianápolis (1987) nos EUA, em que o Brasil venceu os E.U.A. por 120 x 115. A organização não tinha o Hino Nacional Brasileiro. No desespero de conseguir encontrar o hino para tocar durante a cerimônia de premiação, resolveram laurear primeiro a categoria feminina. Resultado: além de não ter o hino na hora "h" a organização trocou a ordem da premiação entregando a masculina para a feminina e vice-versa. Após as reclamações os organizadores tentaram corrigir o que ainda era possível...

Caso 7 - O povo e o Hino Nacional

Em uma colação de grau foi contratada uma cantora para o Hino Nacional. Como o clima de civismo tomou conta do público, todos começaram a cantar juntos. Entretanto, na segunda parte do hino, a cantora esqueceu a letra e repetiu a primeira parte enquanto o público seguiu cantando corretamente a segunda parte do hino.

Caso 8 – Sem perder a pose

O mestre de cerimônias inicia os trabalhos, todos atentos, chama a primeira autoridade, todos batem palmas. Bastante seguro, o mestre de cerimônias chama a segunda autoridade, e, a mesma não aparece, assim, ele informa...

–Já Já ele vai aparecer... Já, já...

Caso 9 – Fogos de artifício

O clima era de uma inauguração de um campo de futebol com a expectativa da realização de um jogo comemorativo e de uma bonita Cerimônia de Abertura para milhares de pessoas que lotavam as dependências do estádio. Entretanto, ao ser declarado aberto o evento em tela, foram soltos inúmeros rojões e um deles atingiu um enxame de abelhas que estava no alto de um poste de iluminação. Foi uma correria e gritaria geral e, por muita sorte, ninguém se feriu gravemente.

Caso 10 – Comentário infeliz

O prefeito estava com um problema na perna, e, em uma inauguração de rotina, ele caminhava com dificuldade em direção ao palco que estava na rua.

O mestre de cerimônias, tentando ser prestativo, começou a dizer :

-Abram caminho!!! Abram caminho!!! O prefeito está chegando com muuuuita dificuldade!!!

Caso 11 – Com muito amor

Em outra inauguração, uma senhora estava subindo as escadas para o palco e caiu desajeitada. O mestre de cerimônias disse:
– Calma! Calma! Vamos erguê-la com muita calma, com muito cuidado e com muito amor!!!

Caso 12 – A despedida

No discurso de despedida de um secretário, o mesmo fez um resumo comovente de sua administração, ficou emocionado várias vezes, chorou, agradeceu seus funcionários, falou das dificuldades e conquistas. Terminado o discurso, o mestre de cerimônias tomou a palavra e querendo ser educado com a autoridade e eficiente na mensagem, sapecou:
– Exmo Sr. fulano, vá com Deus!

Caso 13 – Os órfãos

Em um evento para crianças órfãs de pai e mãe que havia ocorrido com muito sucesso, o mestre de cerimônias encerra o evento dizendo:
– Um feliz dia das mães para todos vocês.

Caso 14 – A solicitação indevida

Em um evento com dezenas de "cadeirantes" participando da cerimônia de abertura, o mestre de cerimônias sapeca:
– Solicitamos que todos fiquem em pé para ouvirmos o Hino Nacional.

Caso 15 – Aula prática espirituosa

Em uma aula especial para os detentos de um determinado presídio, o professor, querendo motivar os detentos para as atividades práticas, solta

a seguinte pérola:
— Vamos ficar mais soltos, vocês estão muito presos.

Caso 16 – O emotivo

O mestre de cerimônias, na posse do novo prefeito, informa que o antigo prefeito estava deixando a prefeitura. Assim, com a voz trêmula, informa:
— Neste momento que o nosso querido prefeito se despede é um momento de tristeza. Já podemos sentir sua falta, estamos todos emocionados, eu particularmente estou com muita vontade de chorar...

Caso 17 – Caso de família

Tem gente que é viciada em falar mal dos outros. Outro dia perguntei para um amigo porque, toda vez que conversávamos sobre qualquer assunto, ele sempre falava mal de alguém. Prontamente ele me respondeu:
— Não sei, é de família, meu avô também era assim...

Caso 18 – O microfone

O prefeito estava discursando e o som começou a falhar... Uma pessoa do cerimonial, querendo mostrar serviço, pegou outro microfone e, interrompendo a fala do prefeito, disse:
— Solicitamos que os presentes não pisem no fio do microfone do prefeito. O prefeito não se fez de rogado e disse:
— Obrigado amigo, o problema deve ser outro, o microfone que estou usando é sem fio.

PEQUENO DICIONÁRIO DO CERIMONIALISTA

ADRIÇA: Cabo para içar bandeiras, também é chamado de driça.

ANFITRIÃO: Aquele que recebe os convidados para o evento. Muitas vezes é, ele próprio, a maior autoridade do evento.

ANNOUNCER: Mestre de cerimônias em espetáculos esportivos de lutas, em especial, nas lutas de boxe. Locutor também conhecido por "Ring Announcer".

AUDIENCE: Auditório, ouvintes.

BACKDROP: Tela de fundo. Espaço usado para se colocar as logomarcas das instituições que são parceiras de um evento. É muito utilizado para o fundo de entrevista com personalidades e também como fundo da área de premiação nos eventos esportivos.

BACKLIGHT: Quadro para publicidade com retro iluminação.

BANNER: Cartaz feito em plotter, de fácil manuseio, usado para divulgação de marcas e patrocinadores.

BECA: Veste de uso acadêmico para eventos especiais.

BLACK-TIE: (TENUE DE SOIRÉE) OU RIGOR: Traje de gala, para as mulheres, vestidos longos ou curtos, tecidos brilhantes, bordados, etc. Para os homens, smoking.

BLUETOOTH: Tecnologia de transmissão sem fio entre aparelhos eletrônicos.

BRASÃO: Escudo de armas de uma nação, estado, município, ou ainda, de uma instituição ou família tradicional. Segue os princípios da heráldica.

BREAK-EVEN POINT: Ponto de equilíbrio entre receita e despesa. A partir deste ponto a organização de um evento passa a ter lucro.

BROADCAST: Transmissão radiofônica, programa de rádio.

BRUNCH: Café da manhã tardio. Modismo americano para designar a junção das palavras *breakfast* e *lunch*. Muito utilizado para eventos de negócios. O *brunch* é servido entre o café e o almoço.

BUDGET: Orçamento.

BUFFET: Em português BUFÊ. Serviço que fornece iguarias e bebidas para festas, reuniões, coquetéis etc.

CAPELO: Capuz usado pelos frades; antiga touca de viúvas ou freiras. Chapéu usado pelos formandos universitários na colação de grau.

CATERING: Fornecimento de comida preparada e alguns serviços correlatos (copos, louças, toalhas etc.) para festas, banquetes, restaurantes, companhias de aviação etc.

CERIMONIAL: Momentos ritualísticos, junção de cerimônia, protocolo e a etiqueta aceita por determinada sociedade. Conjunto de formalidades que devem ser observadas por certos acontecimentos.

CERIMONIALISTA: Agente específico do cerimonial. Pessoa que atua nas atividades relacionadas ao cerimonial.

CHECK LIST: Relação completa e detalhada contendo todos os itens relacionados com a organização de um evento.

COPYRIGHT: Direito do autor ou editor, relativo à obra literária, artística ou científica.

ETIQUETA: Conjunto de normas de conduta, protocolo, formas de tratamento. Normas seguidas em ocasiões formais e que revelam, sobretudo, a importância social das pessoas envolvidas.

FOLLOW UP: Acompanhamento.

GLAMOUR: Fascínio, encanto, atração.

HERÁLDICA: Ciência e arte que se ocupa com a descrição e interpretação de brasões e escudos. Heraldo ou Arauto eram os responsáveis, na idade média, pelos anúncios públicos.

HOST: Aquele que atua como mestre de cerimônias. Receber convidados; receber amigos para uma festa, organizar uma festa.

HOSPITALITY CENTER: Local exclusivo, reservado e confortável para receber as autoridades e os VIPs.

INTERVIEW: Entrevista.

JET SETTER: Pessoa da alta sociedade. O mesmo que *socialite*. Pessoa que costumeiramente viaja em avião próprio.

JOB DESCRIPTION: Relação contendo todas as atribuições de determinadas funções.

LAY OUT: Desenho, esboço, modelo para impressão.

MAILING LIST: Lista de endereços de correios eletrônicos.

MC: Mestre de cerimônias.

MESTRE DE CERIMÔNIAS: Responsável pela condução de uma cerimônia, solenidade, festa e afins. Segue um roteiro previamente ordenado e anuncia cada fase do cerimonial.

NOMINATA: Ficha com os dados das autoridades e personalidades que comparecem ao evento. Em geral coloca-se título, nome e função.

OMBUDSMAN: Representante de uma instituição cuja função é receber reclamações, ideias e sugestões da população em geral.

OSCIP: Organização da sociedade civil de interesse público.

PANÓPLIA: Base para colocação de bandeiras e brasões. Significa também a armadura de um cavaleiro na Idade Média ou escudo em que se colocam diversas armas e que adorna paredes.

PARANINFO: Indivíduo escolhido para essa homenagem. Título daquele escolhido em uma solenidade de colação de grau, para ser homenageado por sua atuação junto ao grupo de formandos.

PATRONO: Aquele que apóia, patrocina, defende, protege. O que luta e/ou defende uma causa, ideia etc.

PELERINE: Capa elegante com extremidades comprida na frente e curta atrás, indo geralmente até a cintura. Normalmente usada ao ar livre e feita de lã e outros tecidos quentes. Muito usada pelas mulheres em meados do século XIX.

PORTFÓLIO: Conjunto de informações de uma pessoa, empresa ou produto.

PRATICÁVEIS: Equipamento para montar palcos, arquibancadas, etc. Pode-se montar de infinitas formas.

PRECEDÊNCIA: Tem origem no latim *"praecedentia"*, qualidade ou condição de preferência, preeminência ou antecedência em uma ordem determinada. Para o protocolo, precedência é estabelecer a ordem hierárquica. Em especial, de personalidades, autoridades, bandeiras e de símbolos oficiais.

PRESS ROOM: Sala de imprensa.

PRIMAZIA: Prioridade, preferência.

PRESS KIT: Conjunto informativo composto de textos, fotografias e outros materiais de divulgação.

PROTOCOLO: Conjunto de normas reguladoras de atos públicos e privados. Especialmente utilizado nos altos escalões do governo e na diplomacia. Padronização de leis e procedimentos que são dispostos a execução de uma determinada tarefa.

PTA: De Prepaid Ticket Advice, aviso de passagem pré-paga. O pagamento é feito remotamente, e o passageiro retira o bilhete no aeroporto, apresentando um documento pessoal.

PÚLPITO OU TRIBUNA: Móvel, em geral de madeira, que fica em local mais elevado e é ocupado pelos oradores e pelo mestre de cerimônias.

R.S.V.P.: (Répondez s'il vous plâit) Sigla de origem francesa, significa que a pessoa convidada, caso aceite o convite, deve confirmar com antecedência sua presença.

RECORDE: Palavra que originalmente significava "registro" e passou a denotar em grandes competições algo como "a busca pela superação dos limites humanos".

RELEASE: (Press release). Matéria escrita para eventual uso nos meios de comunicação.

ROTEIRO (SCRIPT): Texto detalhado do que acontecerá durante uma cerimônia. Segue uma sequência lógica e contém indicações técnicas, por exemplo, a ordem das músicas, das luzes, eventos apoteóticos etc.

SAMARRA: Espécie de túnica ou bata vestida pelos clérigos e em alguns rituais universitários. Grafa-se ainda, chamarra, chimarra, cimarra.

SAMPLING: Amostragem. Mostra de material. Distribuição de impressos.

SAVE THE DATE: Reserve a data.

SPEAKER: Orador, locutor de rádio.

SPONSORSHIP: Patrocínio.

TARGET AUDIENCE: Público-alvo.

TEAM: Grupo de trabalho, equipe esportiva.

VESTES TALARES: Vestimentas para solenidades universitárias, traje, hábito, bata que desce até os calcanhares.

VIP: (Very important person) Pessoa muito importante. Oposto **QSA** aquele Que Se Acha.

VOUCHER: Comprovante de reserva e pagamento antecipado de passagem, estada ou aluguel de veículo.

MODELOS

Para cada tipo de evento confecciona-se um tipo de convite. Independente do tipo escolhido, é fundamental que a letra, as cores e demais detalhes estejam alinhados com a proposta do evento. Lembre ainda de que não é comum assinar convite impresso.

Como, em geral, se usa o verbo convidar no corpo do texto, é desnecessário escrever CONVITE em destaque.

Recomenda-se a utilização da palavra **honra** para convites dirigidos a excelência e a palavra **prazer** para as demais autoridades.

O Clube Arrebol do Japi, por meio de seu presidente Sr. José Antonio Galego, tem o prazer de convidar:

Profa. Rita Orsi

Para o almoço de inauguração de sua nova sede e Sala de Troféus, ocasião que contará com a presença do atleta olímpico Sr. Nestor Mostério que proferirá uma palestra.

Dia 18/06/2013
Horário 12h00
End. Alameda Balbino, 400 Jundiaí-SP
Confirmar presença com Cristina (Telefone)
Manobristas no local
Traje Passeio

Roteiro resumido de um pequeno evento:

- Boas vindas
- Abertura dos trabalhos
- Composição da mesa diretora
- Hino Nacional
- Discursos
- Homenagens
- Agradecimentos

Roteiro completo de uma abertura

CERIMÔNIA DE ABERTURA
DE UM EVENTO ESPORTIVO

M.C. Senhoras, senhores, atletas, autoridades presentes e membros da imprensa, boa noite! Sejam bem vindos ao Ginásio Dr. Paulo Sérgio e ao cerimonial que celebra a abertura oficial do tradicional Torneio Vicentão de Futsal. (Música de apelo esportivo).

M.C. Convidamos o público presente para a contagem regressiva para o início do 20º Torneio Vicentão de Futsal. (Contagem regressiva nos telões com música e imagens intercaladas aos números).

M.C. Anuncia uma apresentação artística e, logo após informa: Com esta vibrante e enérgica apresentação iniciamos a abertura oficial deste evento.

M.C. Senhoras e Senhores temos a honra de realizar a 20ª edição do Torneio Vicentão de Futsal com a participação de 300 atletas. Assim, consignamos nossos agradecimentos pela honrosa presença às seguintes autoridades: Leitura do protocolo das principais autoridades presentes.

M.C. Neste momento consignamos nossos agradecimentos: Patrocinadores, apoiadores, entidades, voluntários, familiares, outros.

M.C. Dando prosseguimento ao 20º Torneio Vicentão de Futsal temos a honra de convidar os principais astros deste evento. Os atletas que ora desfilam são a verdadeira razão deste espetáculo esportivo. Estarão desfilando representantes de 32 equipes, os mesmos conduzem em seus corações a bandeira da fraternidade, do respeito e da solidariedade. Vamos receber com muita alegria e entusiasmo: Música e desfile das equipes chamadas nominalmente pelo M.C.

Após o desfile pode ser feito um lançamento de flores, serpentina, papéis, ou outro material festivo. Uma saudação dos organizadores com um bom texto também se traduz em uma excelente opção.

M.C. Quem os recebem, são as pessoas que estarão trabalhando com carinho e empenho para que todos os visitantes tenham uma estadia tranquila e possam ter uma excelente participação no torneio. Esta mensagem simboliza o carinho com que nossa cidade recebe os representantes das diversas regiões presentes neste local. Sintam-se em casa. Nosso município os recebe de braços abertos!

Formar a mesa diretiva com as principais autoridades presentes. (Ver nominatas).

M.C. Solicitamos que todos fiquem em pé para a entrada das bandeiras. As Bandeiras do Brasil, do Estado de São Paulo e do Município serão conduzidas pelos militares da tradicional unidade militar de nossa cidade, todos comandados pelo renomado Capitão Carlos. (Hino a bandeira de fundo).

M.C. Ouviremos em seguida a interpretação musical do Hino Nacional Brasileiro com os músicos Olival do Lago (Violino) e Renata Russo (Piano elétrico).
(Durante o canto projetar imagens da cidade no telão).

M.C. Apresentação da bandeira do evento ao som da música tema deste acontecimento. A parte musical cabe aos alunos da Escola Profa. Elenir Vasconcelos.

M.C. Solicitamos que todos permaneçam em pé para a saída das bandeiras. (Música Aquarela do Brasil).

M.C. Dando prosseguimento ao nosso cerimonial, temos a honra de convidar o Exmo. Prefeito Municipal Leandro Legal para fazer a abertura oficial do 20º Torneio Vicentão de Futsal.

M.C. Convidamos os atletas Goar e Feres para conduzir o Juramento do Atleta. Música de fundo.

M.C. Anunciamos a mensagem de um atleta olímpico que será mostrada no telão.

M.C. Convidamos o Conselheiro Daniel Rodrigues Poit, Presidente da comissão de Honra para uma saudação aos participantes.

M.C. Entramos neste momento na fase final da cerimônia de abertura do 20º Torneio Vicentão de Futsal. Dentro de instantes o FOGO chegará neste local. Agora vamos assistir no telão um resumo do que foi o translado do fogo até sua chegada a este local.

M.C. O FOGO SIMBÓLICO está prestes a entrar neste local e, assim, participaremos de um momento mágico do esporte, O ACENDIMENTO DA PIRA, que dentre outros simbolismos, este momento, nos remete à: paz, ao respeito, a união entre os povos, ao amor e à tolerância.

(Apagam-se todas as luzes – entram em ação os canhões seguidores com luzes aleatórias e os movie lights. Permanece apenas a iluminação de segurança).

Senhoras e senhores é agora! É COM ALEGRIA que recebemos a TOCHA conduzida pelas campeás Maria Teresa e Graciele Rodrigues. Recebamos com muito carinho a chama que arderá nos próximos dias durante as competições em nossa querida cidade. (Música e acendimento da Pira Olímpica).

M.C. Assim, encerrando esta bonita Cerimônia de Abertura, agradecemos às personalidades e instituições que nos apoiaram e convidamos a todos para apreciar um pouco de música ainda neste local e que, durante a semana prestigiem os jogos do 20º Torneio Vicentão de Futsal. Nosso muito obrigado, e uma boa noite!

Fogos internos e externos, músicas para dançar e outras apresentações apoteóticas.

NOMINATA

Evento: Festa do Esporte
(Para composição da mesa diretiva)

Nome completo:_____

Função:_____

Representando:_____

Função:_____

Observação:_____

REFERÊNCIAS

B endito, bendito é aquele que semeia livros, livros a mão cheia e manda o povo pensar; o livro caindo na alma, é germe que faz a palma, é chuva que faz o mar.
Castro Alves.

BETTEGA, Maria Lúcia. **Eventos e Cerimonial: simplificando ações.** 4ª Ed. Caxias do Sul: EDUCS, 2006.

GOMES, Sara. **Luz, Câmera e Ação: Senhoras e senhores, o mestre de cerimônias.** Brasília: Ed. Do autor, 2006.

LUKOWER, Ana. **Cerimonial e Protocolo.** 2ª. ed. São Paulo: Contexto, 2005.

MEIRELLES, Gilda Fleury. **Tudo sobre eventos.** São Paulo: editora STS, 1999.

_____.**Eventos: seu negócio seu sucesso.** São Paulo: Ibradep, 2003.

_____.**Protocolo e cerimonial: normas, ritos e pompa.** São Paulo: Ibradep, 2006.

PAYNE, Michael. **A virada olímpica: como os Jogos Olímpicos tornaram-se a marca mais valorizada do mundo.** Rio de Janeiro: Casa da palavra: COB, 2006

POIT, Davi Rodrigues. **Um olhar Frankfurtiano sobre o alcance da programação esportiva da televisão nas aulas de Educação Física escolar.** São Paulo. 142 f. Tese de doutoramento em Educação: História, Política e Sociedade da PUC São Paulo, 2008.

POIT, Davi Rodrigues. **Organização de Eventos Esportivos.** 4ª ed. São Paulo: Phorte, 2006

REINAUX, Marcilio. **O mestre de cerimônia.** Recife: Comunigraf, 2005.

RIBEIRO, Célia. **Etiqueta na Prática.** Porto Alegre: L&PM, 1998.

SIMSON, V. & JENNINGS, A. **Os senhores dos anéis: poder, dinheiro e drogas nas Olimpíadas Modernas.** São Paulo: Best Seller, 1992.

SPEERS, Nelson. **Cerimonial e Protocolo para Relações Públicas.** São Paulo, Hexágono Cultural, 1984.

VELOSO, Dirceu. **Organização de Eventos e Solenidades.** Goiânia, AB Editora, 2001.

Leis e decretos:

Decreto Lei – 70.274, de 09.03.72. Normas do cerimonial público e ordem geral de precedência.

Lei 5.700, de 01.09.71. Regulamenta a utilização dos Símbolos Nacionais.

CONTATO COM O AUTOR

Telefone: (11) 4586-2954
e-mail: davipoit@uol.com.br
site: www.eventosesportivos.com.br

BREVE CURRÍCULO
Prof. Dr. Davi Rodrigues Poit
CREF – SP 517*
CNCP/Brasil – 2000**

Doutor em Educação - PUC-SP.
Mestre em Educação – PUC-Campinas.
Licenciatura Plena em Educação Física (ESEF-Jundiaí)
Curso de Marketing Internacional – CUBA.
Curso de Gestão & Logística – Argentina.
Curso de Marketing estratégico FGV (GVPec).
Curso de Gestão de Eventos FGV (GVPec).
Curso de Desenvolvimento Gerencial (FAAP).
Autor do Livro Org. de Eventos Esportivos – 4a Edição.
Laureado com o prêmio TOP FIEP 2006.
Prêmio GESTOR ESPORTIVO – CREF-2007.
Prof. convidado da FAAP, FGV e Gama Filho.
Vice-diretor da ESEF – Jundiaí.
Presidente do Congresso de Educação Física de Jundiaí.
Membro do Comitê de Ética nas Pesquisas da ESEF.
Palestrante e consultor em entidades e eventos públicos e privados.
1º Tenente do Exército (Reserva).
Faixa preta de Karatê Shotokan – 6º Dan.

* CONSELHO REGIONAL DE EDUCAÇÃO FÍSICA
**COMITÊ NACIONAL DE CERIMONIAL E PROTOCOLO
– CNCP/BRASIL